一本书搞懂

YI
BEN
SHU
GAO
DONG

销售心理学

XIAOSHOU
XINLIXUE

赵慧敏　编著

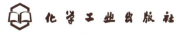
·北京·

《一本书搞懂销售心理学》从顾客的消费心理透视、销售过程中的心理博弈以及谈话技巧等方面阐述如何在销售中运用心理学知识来提高销售员的业务水平和技巧。全书内容丰富,涵盖十二个方面,并设置了情景导入、心理破译、课外拓展、销售心理解析等模块,书后还附录了不同类型客户的心理分析及应对技巧,对于如何搞懂销售心理学进行了深入浅出的解读。

《一本书搞懂销售心理学》专为有志于销售领域取得成功、希望自己拥有能轻易说服客户口才的销售员量身编著,通过销售实战中涌现出来的典型案例,展现普通销售员与销售高手的差距所在,揭示成功销售员必备的沟通技巧。

图书在版编目(CIP)数据

一本书搞懂销售心理学/赵慧敏编著. —北京:化学工业出版社,2017.6(2018.7重印)
ISBN 978-7-122-29575-0

Ⅰ.①一… Ⅱ.①赵… Ⅲ.①销售-商业心理学-通俗读物 Ⅳ.①F713.55-49

中国版本图书馆CIP数据核字(2017)第092756号

责任编辑:陈 蕾　　　　　　　　　　　装帧设计:尹琳琳
责任校对:宋 夏

出版发行:化学工业出版社(北京市东城区青年湖南街13号　邮政编码100011)
印　　装:大厂聚鑫印刷有限责任公司
710mm×1000mm　1/16　印张12　字数219千字　2018年7月北京第1版第2次印刷

购书咨询:010-64518888(传真:010-64519686)　售后服务:010-64518899
网　　址:http://www.cip.com.cn
凡购买本书,如有缺损质量问题,本社销售中心负责调换。

定　价:49.80元　　　　　　　　　　　　　　　　　版权所有　违者必究

前言
PREFACE

很多销售人员都困惑：为什么攻坚多年，客户却迟迟不签单？与自己关系不错的客户，怎么一夜却成了别人的VIP？无论自己怎么说，客户都不买账。好不容易要签单了，顾客又说再考虑考虑。无论怎样拍胸脯保证，客户始终都不信任你。这究竟都是为什么？

事实上，人的购买行为都是由其心理来决定的，因此知道客户在想什么比什么都重要。如果你能洞察并影响客户心理，那就一定可以引领客户做出购买行为，达到自己的销售目的！

销售心理学是每个销售人员必须掌握的。销售是一门艺术，也是一门学问，销售的一切行为都离不开心理学。掌握了销售心理学，销售人员就可以更多地了解客户心理，就能站在客户的角度来思考问题，不再让用户对自己产生抵触情绪，就可以明明确确地告诉客户你是谁，你要跟他们介绍什么，你给客户介绍的产品是否对他们有帮助，客户为什么现在必须要买你的产品。

《一本书搞懂销售心理学》从顾客的消费心理透视、销售过程中的心理博弈以及谈话技巧等方面阐述了如何在销售中运用心理学知识来提高销售员的业务水平和技巧。其主要内容包括十二个方面：

◇热情招呼，架起沟通桥梁；
◇察言观色，揣摩顾客意图；
◇主动接近，读懂顾客心思；
◇理性分析，推断顾客需求；
◇认真倾听，了解顾客需求；
◇巧妙询问，探询顾客需求；
◇介绍产品，引发顾客兴趣；
◇塑造价值，诱导顾客体验；
◇合理报价，激发购买欲望；
◇处理异议，赢得顾客信任；
◇明察秋毫，识别成交信号；
◇把握时机，快速促成交易。

本书还设置了情景导入、心理破译、课外拓展、销售心理解析等模块，书后还附录了不同类型客户的心理分析及应对技巧，对于如何搞懂销售心理学进行了深入浅出的解读。

本书由天津商业大学法学院心理学系副教授赵慧敏编著，参与编写和提供资料的有丁红梅、王红、王纪芳、王月英、王群国、王建伟、陈秀琴、陈运花、陈宇、刘建忠、刘俊、刘雪花、刘云娇、李敏、李宁宁、张丽、张桂秀、张巧林、马丽平、郑时勇、罗玲、齐艳茹、赵艳荣、何春华、黄美、匡仲潇。最后，本书由赵慧敏老师审核完成。在此，对他们付出的劳动一并表示感谢！

由于编者水平有限，书中不足之处在所难免，希望广大读者批评指正。

编　者

目 录
CONTENTS

导读 如何正确把握销售心理 ··· 1

0.1 销售，是要把客户"引"进来 ·· 2
0.2 销售的最关键点就是建立信赖感 ·· 3
0.3 销售，需要站在客户的立场 ·· 3

第一课 热情招呼，架起沟通桥梁 ·· 5

1.1 招呼顾客的目的 ·· 6
1.2 打招呼的技巧 ·· 7
1.3 招呼顾客场景实例 ·· 10
　　课外拓展：打招呼是成功推销的第一步 ···································· 13

第二课 察言观色，揣摩顾客意图 ·· 15

2.1 从外在表现观察 ·· 16
　　2.1.1 从年龄观察顾客的需求 ·· 16
　　2.1.2 从性别观察顾客的需求 ·· 18
2.2 从内在表现观察 ·· 20
　　2.2.1 从顾客行为观察 ·· 20
　　2.2.2 从顾客态度观察 ·· 21

- 2.3 从相互关系上观察 22
- 2.4 观察顾客的注意事项 22
  - 课外拓展：学会察言观色，助你读懂对方心理 23

第三课　主动接近，读懂顾客心思 25

- 3.1 接近顾客搭话的时机 26
- 3.2 接近顾客的方法 28
- 3.3 接近顾客的注意事项 30
  - 课外拓展：接近顾客的10句话 31

第四课　理性分析，推断顾客需求 33

- 4.1 分析顾客的消费层次 34
- 4.2 分析顾客的购买动机 36
- 4.3 分析顾客的购买行为 37
  - 4.3.1 从购买目标的选定分析 37
  - 4.3.2 从购买态度与要求分析 38
  - 4.3.3 从顾客的情感反应分析 39
- 4.4 分析顾客的购买决策 41
  - 4.4.1 购买决策过程的参与者 41
  - 4.4.2 购买决策内容 42
  - 4.4.3 购买决策过程 42
- 4.5 分析顾客购买过程的心理 45
  - 课外拓展：影响消费者购买行为的因素 50

第五课　认真倾听，了解顾客需求 ··················· 53

5.1　倾听的重要性 ····················· 54
5.2　倾听的原则 ······················ 55
5.3　倾听的步骤 ······················ 57
5.4　倾听的技巧 ······················ 59
　　课外拓展：销售员如何学会倾听 ············· 60

第六课　巧妙询问，探询顾客需求 ··················· 63

6.1　学会向顾客提问 ···················· 64
　　6.1.1　开放式 ····················· 65
　　6.1.2　封闭式 ····················· 67
6.2　向顾客提问的原则 ··················· 69
6.3　向顾客提什么样的问题 ················· 70
6.4　询问要有耐心 ····················· 72
6.5　跨越提问的雷区 ···················· 73
　　课外拓展：销售员应养成提问的意识 ··········· 74

第七课　介绍产品，引发顾客兴趣 ··················· 77

7.1　提炼产品的卖点 ···················· 78
　　7.1.1　提炼卖点的步骤 ················· 79
　　7.1.2　提炼卖点的途径 ················· 79
　　7.1.3　提炼卖点注意问题 ················ 80
　　7.1.4　常见的产品卖点 ················· 81

7.2 设计精彩的开场白 82
  课外拓展：吸引顾客的开场白 85
7.3 找到顾客的兴趣点 88
7.4 做精彩的示范 91
  课外拓展：示范操作的注意事项 94

第八课　塑造价值，诱导顾客体验 97

8.1 FABE法则的定义 98
8.2 用FABE法则塑造产品价值 100
8.3 引导顾客体验 102
  课外拓展：邀请顾客体验的注意要点 104

第九课　合理报价，激发购买欲望 107

9.1 巧用促销策略 109
9.2 明确顾客的利益 110
9.3 比较同类产品 110
  9.3.1 比较方式 110
  9.3.2 比较内容 111
  9.3.3 注意语言的运用 112
9.4 慎重报出价格 113
  课外拓展：不要掉入"价格陷阱" 115

第十课 处理异议，赢得顾客信任 117

10.1 分析异议的原因 118
10.1.1 顾客自身的原因 119
10.1.2 商品原因 120
10.1.3 价格原因 121
10.1.4 销售员的原因 122
10.1.5 其他原因 122
10.2 了解异议的类型 123
10.3 判断异议的真假 125
10.4 看清虚假异议的理由 127
10.5 处理异议的流程 128
10.5.1 平时留心，事前准备 129
10.5.2 认真倾听，表示理解 129
10.5.3 了解情况，仔细分析 130
10.5.4 选择时机，审慎回答 131
10.5.5 收集整理，总结经验 134
10.6 顾客异议的分类及排除方法 134
10.7 处理异议的常规方法 136
10.8 处理价格异议的技巧 140
10.9 预防异议的产生 143
课外拓展：把客户的每一次"异议"看成一次"成交"的机会 144

第十一课 明察秋毫，识别成交信号 147

11.1 语言信号 148

11.2 行为信号 ············ 150

11.3 表情信号 ············ 151

11.4 事态信号 ············ 151

  课外拓展：先确认成交信号，再采取措施 ············ 152

第十二课　把握时机，快速促成交易 ············ 155

12.1 请求成交法 ············ 156
  12.1.1 请求成交法的适用性 ············ 157
  12.1.2 使用请求成交法的优点 ············ 157
  12.1.3 请求成交法的局限性 ············ 158
  12.1.4 运用请求成交法应注意的问题 ············ 159

12.2 选择成交法 ············ 159
  12.2.1 选择成交法的使用效果 ············ 159
  12.2.2 选择成交法的优点 ············ 159
  12.2.3 选择成交法的缺点 ············ 160
  12.2.4 运用选择成交法应注意的问题 ············ 161

12.3 从众成交法 ············ 162
  12.3.1 从众成交法的使用时机 ············ 162
  12.3.2 从众成交法的优点 ············ 162
  12.3.3 从众成交法的缺点 ············ 163
  12.3.4 运用从众成交法应注意的问题 ············ 163

12.4 机会成交法 ············ 164
  12.4.1 机会成交法的适用性 ············ 164
  12.4.2 机会成交法的优点 ············ 165
  12.4.3 机会成交法的缺点 ············ 165
  12.4.4 运用机会成交法应注意的问题 ············ 166

12.5 保证成交法 ············ 166

- 12.5.1 保证成交法的使用时机 ································· 166
- 12.5.2 保证成交法的优点 ······································· 167
- 12.5.3 保证成交法的缺点 ······································· 167
- 12.5.4 保证成交法的注意事项 ································· 167

12.6 优惠成交法 ·· 168

- 12.6.1 优惠成交法的使用时机 ································· 168
- 12.6.2 优惠成交法的优点 ······································· 168
- 12.6.3 优惠成交法的缺点 ······································· 169
- 12.6.4 使用优惠成交法的注意事项 ·························· 169

课外拓展：销售成交的技巧 ·· 169

附录 不同类型客户的心理分析及应对技巧 ·············· 171

- 一、价格至上的客户 ·· 172
- 二、避而不见的客户 ·· 172
- 三、不说真话的客户 ·· 173
- 四、无权购买的客户 ·· 173
- 五、言行不一的客户 ·· 174
- 六、抱怨一切的客户 ·· 174
- 七、口称缺钱的客户 ·· 174
- 八、优柔寡断的客户 ·· 175
- 九、说长论短的客户 ·· 175
- 十、关系至上的客户 ·· 176
- 十一、趾高气扬的客户 ··· 176
- 十二、态度冷漠的客户 ··· 176
- 十三、捉摸不透的客户 ··· 177
- 十四、自以为是的客户 ··· 177
- 十五、我行我素的客户 ··· 177
- 十六、冲动任性的客户 ··· 178
- 十七、极其理智的客户 ··· 178
- 十八、抱有成见的客户 ··· 178
- 十九、畏首畏尾的客户 ··· 179
- 二十、沉默寡言的客户 ··· 179

导读　如何正确把握销售心理

一本书搞懂 销售心理学

> **情景导入**

小许是××公司的销售员,为了提升自己,他报名参加了销售心理学培训班,希望可以掌握更多的技巧来抓住顾客心理、了解顾客意图,从而提高销售业绩。

"大家好,我是王××,是这次负责给大家培训的老师,在本次的培训中,将由我和大家共同探讨学习。如果不介意,就请叫我'王老师'吧!在座的各位都是各行的销售精英,今天很荣幸能与各位共同分享和交流有关销售心理学方面的知识。"王老师做了简单的自我介绍。

"好了,现在轮到各位做自我介绍了!请大家放松,相信通过这几天的学习,我们彼此都会成为好朋友,所以不必拘谨。"王老师说道。

"好的,请第二排穿白衬衣的帅哥做一下自我介绍,大家欢迎!"有一位学员举了手,王老师便叫他做自我介绍。

"大家好,很高兴认识各位!我叫李××,来自××公司××门店,我们店专售各种中高档家具。以后大家就叫我'小李'吧。希望在这几天的学习中,我们都能成为好朋友!"学员小李开了一个很好的头。

"我叫杨××,很高兴认识大家,我是×××人寿保险××区的保险推销员。大家就叫我'小杨'吧!"学员小杨的自我介绍言简意赅。

……

大家纷纷做完了自我介绍。

"听完大家的自我介绍,我觉得都说得很好,不愧都是各行的销售精英!现在,我们开始进入正题,就讲讲'如何正确把握销售心理'。"王老师说道。

其实,销售就是一场心理博弈战,如果你想成功地卖出产品,必须读懂客户内心和了解客户需求。一个成功的销售人员往往不是因为他聪明,而是因为他精通销售心理学。隐藏在销售背后的是客户深层的各种心理,销售精英的最大突破就是掌握了"销售心理"这一成功秘诀,特别是如何在极短的时间内赢取客户的心。

0.1 销售,是要把客户"引"进来

销售的最高境界不是把产品"推"出去,而是把客户"引"进来。所谓"引"

进来，也就是让客户主动来购买。可以说，销售是一场心理博弈战，谁能够掌控客户的内心，谁就能成为销售的王者。在销售的过程中，恰当的心理策略能够帮助销售人员取得成功，使得销售行为的效率最大化，从而创造骄人的业绩。

0.2　销售的最关键点就是建立信赖感

建立信赖感的前提是研究透客户的心理，弄明白客户心理的真正想法，继而解决客户问题，满足客户需求，达到成交的目的。销售成功就是从拒绝中走出来的，弄清客户拒绝的真正原因是什么。要想找到客户的真正抗拒点，需要吃透客户的心理。要想吃透客户的心理，则是一门深奥的学问，需要慢慢研究消费者心理学，需要关注细节，需要对客户有着全面、透彻的了解。

0.3　销售，需要站在客户的立场

优秀的销售员不是只会单方面向客户推销产品，而是站在客户的立场帮助客户购买产品。他的言行举止都向客户传达着这样一种信息：他是在为客户谋利益，而不是一心想要掏空客户的钱袋。要达到这种境界，一味埋头推销是不行的，还应该认真揣摩客户的心理。了解了客户的喜好和需求，就找到了攻心的切入点，就能控制客户的情绪，化解客户的抵触，判断客户的真实想法，从而愉快地达成交易。

我们平时所说的认识和了解，只是停留在表面的经验上，其实每个人都有着不同的思维模式和行为习惯，而这些又是由每个人的人格特质所决定的，所以，用一套通用的销售模式是远远达不到目的的。而销售心理学却是从人的气质、性格、兴趣这些方面入手，找出不同的地方，再根据不同的类型，了解人在消费过程中的一系列心理活动，帮助销售员更好地工作。

> 备注：人物简介
> 王老师：王老师是国内非常受欢迎的企业内训培训师。王老师对课程设计合理，能理论联系实际，通过企业实际案例和亲身经历进行讲解，通俗易懂，幽默风趣，魅力十足。王老师曾在著名美资企业工作达10之久，在多年

的工作经历中，王老师积累了丰富的企业管理和员工培训的经验，能根据企业的需求"量体裁衣"。

小许：小许是某汽车4S店的销售员，这次为了提升自己，特意利用业余时间参加××培训机构举办的销售员心理培训班。

其他人员：在本书情景导入中的小李、小张、小杨、小黎等均为参加本次培训的各行业销售员。

第一课 热情招呼,架起沟通桥梁

一本书搞懂销售心理学

> **情景导入**

王老师:"经过上一次的开堂课,相信大家对销售心理的把握有了一个感性认识。现在,我们正式开始本次培训的第一课——热情招呼,架起沟通的桥梁。"

"首先,请大家想想,平时见到顾客上门,你是否及时与顾客打招呼,是否做到了热情招呼,而且这种热情必须是要发自内心的。"王老师继续说道。

此时,下面一阵窃窃私语……

小许:"这个我还真没有做到,有时正在招待一位顾客,见到另一批顾客来了,就只是例行一句'欢迎光临',是没有什么热情的!"

小李:"这方面我做得很好,只要是来了顾客,我都会笑脸相迎,马上走到顾客身边,热情接待。"

小张:"我每次见到顾客,想要热情点儿,可是顾客却不理我,自顾自地在店里转。"

……

听到大家的议论,王老师笑着说:"销售员要完成销售,就要与顾客建立起沟通的桥梁。招呼顾客就是建立这个桥梁的第一步。顾客来了,肯定要招呼,而且是热情招呼,但是热情也要有个度,要把握好尺度,这样顾客才愿意与你交流,你也才有机会接近顾客啊。"

"好,下面我们就来具体讲讲如何做到'热情招呼,架起沟通的桥梁'吧!"王老师接着说。

1.1 招呼顾客的目的

无论对哪种类型的顾客,打招呼都是销售员开展销售工作的第一个步骤,也是迎接顾客过程中最关键的步骤。销售员与顾客打招呼,目的是为了告知顾客四个信息,具体如下图所示。

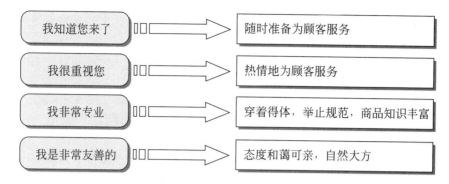

告知顾客的四个信息

1.2 打招呼的技巧

销售员的招呼可以在短时间内缩短和顾客之间的距离,在顾客心里树立起良好的印象。销售员在与顾客打招呼时,要把握下图所示的技巧。

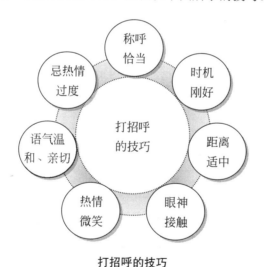

打招呼的技巧

(1)称呼恰当

根据顾客的年龄、性别、职业和身份特征等给予顾客不同的称呼,能够使顾客觉得更加亲切。

比如,对于老年人,可称呼其"老大爷""老爷爷""老奶奶""大妈"。对于文化层次较高的人,则可称呼其"老先生""夫人"等。对于中年人,可称呼其

"先生""太太"等。对于年轻人，可称呼其"先生""小姐"等。对于小孩，则可称呼其"小弟（妹）""小朋友""小同学"等。

（2）时机刚好

招呼客人最好的时机，以顾客的心理变化过程在"兴趣"起至"联想"的阶段之间最为理想。在这之前或之后都不好，在顾客没有任何购买兴趣时，向顾客打招呼，顾客很可能会被你的"过于热情"吓跑。

在顾客有了购买欲望，对同类商品进行比较和挑选时，你再去与顾客打招呼就有点儿晚了。这种情况下，你的招呼往往会让顾客感觉来的不是时候，这个时候，你应该帮助顾客挑选出满意的商品。

所以，在恰当的时机和顾客打招呼，是非常重要的。如果销售员不能很好地把握准这一点，那么就会在无形中流失很多顾客。作为销售员，应在合适的时机积极主动地与顾客建立起联系，从而为顾客提供切实有效的帮助和服务。

（3）距离适中

顾客进门后，销售员要注意把握好与顾客的距离，这个距离最好保持在1.5～3米之间，不远也不近。这样既可以让顾客看见销售员的存在，又不会给顾客太大的压力。

（4）眼神接触

销售员在与顾客进行眼神接触时，应注意下图所示的要点。

要点一	直视顾客，让顾客知道销售员已关注到他的到来，让顾客有受尊重的感觉
要点二	直视顾客不是要你直愣愣地盯着顾客看，而是稍稍与顾客的眼睛接触即可
要点三	销售员的视线最好位于顾客眼睛与鼻子之间的位置，千万不要用眼睛上下打量顾客，那只会让顾客反感

与顾客进行眼神接触时的注意要点

（5）热情微笑

微笑是世界的共同语言，就算语言不通，一个微笑就能带给彼此一种会心的感觉。所以，微笑是销售员最好的语言工具，在有些情况下甚至不需要一言一行，只要一个笑容就可以打动客户。

当客户靠近的时候，销售员绝对不能面无表情地说"请问找谁？有什么事吗？您稍等……"这样的接待会令客户觉得很不自在；相反，你一定要面带笑容地说："您好，请问有什么需要我服务的吗？"

接待客户的第一秘诀就是展现你的亲切笑容。只有发自内心的微笑才是最真诚的笑容，而销售员要想在任何情况下都能展现这样的笑容，就需要对其进行刻意的训练。

人的脸上一共有17块肌肉，它们会牵动每一个笑容，只要有一块肌肉失去作用，你的笑容就不能完美展现，所以，要多多练习如何微笑。当然，会很好地控制自己的情绪也是进行训练的一项必不可少的内容，只要你做到这两点，你就可以拥有自然而又亲切的笑容了。

要想拉近你与顾客之间的距离，一定要展现你天使般的笑容，而且这个笑容要像小孩子一样天真无邪。

（6）语气温和、亲切

无论顾客的消费档次、态度如何，销售员都应该一视同仁，在打招呼时要保持温和、亲切的语气。不过，不同的顾客，其温和、亲切的语气也应有所侧重。具体要求如下图所示。

要求一	当走进柜台的是一个年轻人时，销售员的神态可以表现为活泼、热情
要求二	如果是异性顾客，销售员招呼时的态度就要显得庄重大方，让对方感觉既自然又不轻浮
要求三	对于老年顾客，销售员的态度就要亲切

打招呼时要保持温和、亲切的语气

（7）忌热情过度

有时候我们在专卖店或商场购物时，会遇到一些过分热情的导购，她在很远的地方就会和你打招呼，当你走进她的专柜时，她便寸步不离，并且喋喋不休地开始介绍其服装如何如何。作为顾客来说，喜欢有一种宽松的、自由的购物环境供他们观赏和挑选，不分青红皂白的介绍反而会让他们感到一种无形的压力而趁早"逃之夭夭"。所以我们一定注意"不要过分热情"。

1.3 招呼顾客场景实例

对于销售员来说,热情待客是做好生意的开端。顾客对我们的第一印象好了,才愿意在我们这里买东西。当顾客进店时,我们一定要热情地和他们打招呼。这看起来是件简单的事情,但很多销售员都容易忽视,尤其在生意比较忙的时候,怠慢顾客是常有的事。

下面分享几个销售员与顾客打招呼的场景实例。

(1)顾客来临

通常情况下销售员在与顾客打招呼时,具体细则可参照下表。

顾客来临时打招呼细则

打招呼细则	要让顾客知道销售员已经留意到他的到来,并且对他的光临表示欢迎
动作要领	(1)微笑 (2)一定要看着顾客,眼睛里也要散发出笑意 (3)点头 (4)双手自然放在身前或身后 (5)和顾客保持一定的距离,不可太近 (6)顾客在浏览商品时,不可紧跟其后,否则会给顾客压力 (7)声音传达出欢迎、亲切之意
可说的话	"您好,欢迎光临!" "您好,请随便看!"

(2)熟客来临

当来了一位熟客时,销售员打招呼的具体细则可参见下表。

熟客来临时打招呼细则

打招呼细则	对熟客,销售员要表现出格外的欢迎之意,这是因为当顾客感到销售员能够认出他,并且因为他的到来而高兴时,他会觉得非常有面子,自尊心得到极大的满足,这种受重视的感觉会令他对销售员产生好感并心情愉悦
动作要领	(1)微笑 (2)一定要看着顾客,眼睛里也要散发出笑意 (3)点头 (4)双手自然放在身前或身后 (5)可走到与顾客较近的距离 (6)声音传达出热情、亲切之意
可说的话	(1)"您好,×先生!我们正好又来了一批新货,我给您介绍介绍?" (2)"您好,×小姐!有一段时间没看见您了,最近比较忙吧?" (3)"您好,×小姐!您来得真巧,我们现在有一件上衣很配您上次买的那条裙子,要不我拿给您看看?"

（3）多位顾客来临

当来了多位顾客时，销售员打招呼的细则可参见下表。

多位顾客来临打招呼细则

打招呼细则	当有多位顾客来临时，销售员要让每一位顾客都感觉受到了欢迎，千万不能只和一些人打招呼而不理会另外一些人
动作要领	（1）若几位顾客是结伴而来、同时进店的，就用基本打招呼的方法统一对所有人打招呼，注意目光必须对着所有人 （2）若顾客进店顺序有前后，但后者紧跟前者的话，就用基本打招呼的方法同第一位顾客打招呼，对后面的人微笑、点头致意 （3）双手自然放在身前或身后 （4）和顾客保持适中距离，不可太近或太远 （5）声音传达出欢迎、亲切之意
可说的话	（1）"您好，欢迎光临！" （2）"您好，请随便看！"

（4）接待途中其他顾客来临

当正在接待顾客时来了其他客人，销售员同顾客打招呼的细则，具体如下表所示。

接待途中其他顾客来临时打招呼细则

打招呼细则	对后来的顾客，销售员一定要让其感到你对他的欢迎和重视，千万不能只顾服务先来的顾客而忽略后来的人
动作要领	（1）先用基本打招呼的方法向后来的顾客打招呼 （2）如有其他同事在场，应示意其他同事马上上前为其服务 （3）如没有其他同事在场，可向第一位顾客道歉，稍作离开去服务后来的顾客 （4）声音传达出欢迎、亲切之意
可说的话	（1）"您好，欢迎光临！" （2）"您好，请随便看！" （3）"对不起，请您稍等一会儿，我去看看那位小姐有什么需要，马上就回来！" （4）"小姐，您先随便看。我在那边，有什么需要可随时叫我。" （5）"对不起，让您久等了！"

（5）整理货架时顾客来临

当正在整理货架时来了顾客，销售员可通过如下表所示的细则同顾客打招呼。

整理货架时顾客来临打招呼细则

打招呼细则	要让顾客感到受欢迎和被重视，不能只顾埋头做自己的事而对顾客的到来毫不理会
动作要领	（1）在任何情况下都要体现"以客为尊" （2）马上放下手上的工作（整理货架、处理账务等），向顾客打招呼 （3）微笑 （4）一定要看着顾客，眼睛里也要散发出笑意 （5）点头 （6）声音传达出欢迎、亲切之意
可说的话	（1）"您好，欢迎光临！" （2）"您好，请随便看！"

（6）接听电话时顾客来临

当正在接电话时来了顾客，销售员应这样同顾客打招呼，具体如下表所示。

接听电话时顾客来临打招呼细则

打招呼细则	销售员要让电话中的顾客和来店的顾客都感受到你对他的重视，对来店的顾客还要让他知道你对他的欢迎
动作要领	（1）要"眼观六路，耳听八方"，接电话时仍然要留意周围的情况 （2）看到顾客进来时，要亲切地注视对方，微笑，点头致意 （3）如果顾客需要帮助，应向电话中的顾客道歉，稍作离开，为该顾客服务。或向电话中的顾客说明情况，并承诺何时再给其回电话 （4）声音传达出欢迎、亲切之意
可说的话	（1）"对不起，让您久等了！" （2）"您好，有什么可以帮您？" （3）"对不起，请您稍等一会儿，这边来了位客人，我去看看马上回来！" （4）"对不起，这边来了位客人，我过半小时给您回电话，好吗？"

（7）节日期间顾客来临

在节日时与顾客打招呼，销售员可参考下表所示的细则。

节日期间顾客来临打招呼细则

打招呼细则	营造节日的气氛，让顾客有欢乐和被关怀的感觉
动作要领	（1）微笑 （2）一定要看着顾客，眼睛里也要散发出笑意 （3）点头 （4）双手自然放在身前或身后 （5）声音传达出喜悦、热忱之意
可说的话	（1）"圣诞快乐！请随便看！" （2）"欢迎光临！新年好！"

（8）天气变化时顾客来临

当天气变化时与顾客打招呼，销售员参考下表所示的细则。

天气变化时顾客来临打招呼细则

打招呼细则	销售员要让顾客有亲切和被关怀的感觉
动作要领	（1）微笑 （2）一定要看着顾客，眼睛里也要散发出笑意 （3）点头 （4）双手自然放在身前或身后 （5）声音传达出真诚、亲切之意
可说的话	（1）"您好，请随便看！今天挺冷的啊！" （2）"您好，欢迎光临！外面是不是很冷？要注意保暖，多穿点儿衣服！"

（9）非自己负责范围内顾客来临

在非自己负责范围内与顾客打招呼时，销售员可参照下表所示的细则。

非自己负责范围内顾客来临打招呼细则

打招呼细则	销售员要让每一位进店的顾客都有被重视的感觉，所以即使在非自己负责范围内遇到顾客时，也要同顾客打招呼
动作要领	（1）微笑 （2）一定要看着顾客，眼睛里也要散发出笑意 （3）点头 （4）双手自然放在身前或身后 （5）声音传达出欢迎、亲切之意
可说的话	（1）"您好，请随便看！" （2）"您好，欢迎光临！" （3）"欢迎光临，请随便看！"

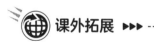

课外拓展

打招呼是成功推销的第一步

做推销的销售员要接近顾客，首先必须要做的是向顾客打招呼。打招呼时要注意三点，即热忱、目光、笑容。

第一点：热忱

不知大家注意过没有，在主动与别人打招呼时绝对会出现的情况就是：打招呼的人热情，对方就跟着热情，冷漠地与别人打招呼就会得到冷漠的回应，所以我们在与顾客打招呼时一定要热忱为先。要记住，你的热忱会影响顾客的心情。

第二点：目光

用专注的目光盯住对方的眼睛，这会给顾客一定的震撼作用，会让顾客心对你产生亲近感，有人觉得这样做好像不太礼貌，特别是男销售员面对女顾客时。其实，这种想法是大错特错的。道理其实很简单，一个人热情地与你打招呼，而且你发现他的眼睛有神地盯着你，让你感觉到眼睛好像在说话，你的心理活动会是什么样的呢？

一是觉得好奇，这个人怎么这样看着我？

二是有一丝紧张又有点害怕（这点儿紧张害怕就会让别人能在几分钟之内控制你的思维），产生紧迫感，紧迫感使你紧张慌乱，不知所措，此时你就可能接受他的安排了。

三是觉得兴奋并开始对这个人产生好感。而呆滞、散乱的目光只会给你带来相反的效果。

第三点：笑容

真诚的笑容会拉近你与顾客之间的距离，会将因目光给对方造成的那一丝紧张和害怕变成对你的尊重与心理依靠。

销售心理解析

◎从众心理◎

从众心理即指个人受到外界人群行为的影响，而在自己的知觉、判断、认识上表现出符合于公众舆论或多数人的行为方式。从众性强的人缺乏主见，易受暗示，容易不加分析地接受别人的意见并付诸实行。

第二课 察言观色，揣摩顾客意图

> **情景导入**
>
> 王老师："上一堂课我们讲了如何与顾客打招呼，这节课就接着讲讲与顾客打招呼后，我们该如何观察顾客，从而揣摩出顾客的意图。"
>
> "大家可以想想，平时在你们的工作中，你们是通过哪些方面来观察顾客的？通过观察能得出什么结论？可以自由讨论一下。"王老师接着说。
>
> 此时，大家已经议论开了。
>
> 小杨："我平时去拜访客户，如果是在客户的工作单位，可以从他的工作环境、职业等方面进行观察，从而判断其需求。"
>
> 小李："我会观察来店顾客的年龄、穿着、举止，来揣摩顾客的购买意图。"
>
> 小许："到我们店的顾客一般结伴而来的居多，我在接待顾客时，会留意他们之间的对话，观察他们的反应。"
>
> ……
>
> 王老师："大家说的都非常好。销售员这一职业的特殊性要求我们必须具有敏锐的观察力，善于从顾客的外表神态、言谈举止上揣摩各种顾客的心理，正确判断顾客的来意和爱好，有针对性地进行接待。"
>
> "优秀的销售员会在顾客进门开始，就友善地与其打招呼，然后利用进店后短短的15秒，先观察，迅速判断出顾客的职业与偏好，找出有可能适合顾客的商品，并拿出有可能是顾客最喜欢的商品给其观看，同时介绍该商品的特点。"王老师接着说。
>
> "这节课，我们就来具体讲讲如何察言观色，揣摩顾客意图吧。"

2.1 从外在表现观察

从外表观察顾客，是指从顾客的年龄、性别、服饰、职业特征进行判断。不同的顾客，对商品的需求各不相同。当顾客临近时，销售员应根据不同的人，有针对性地推荐介绍产品。

2.1.1 从年龄观察顾客的需求

不同年龄段的顾客有不同的接待要求，销售员应该对其进行区别对待。

（1）老年顾客

老年顾客的消费需求和应对要点如下图所示。

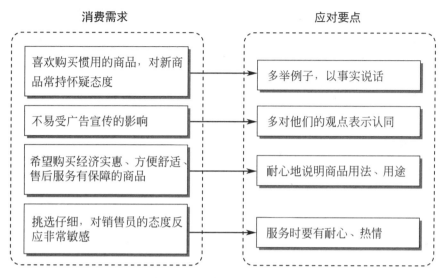

老年顾客的消费需求和应对要点

（2）中年顾客

中年顾客的消费需求和应对要点如下图所示。

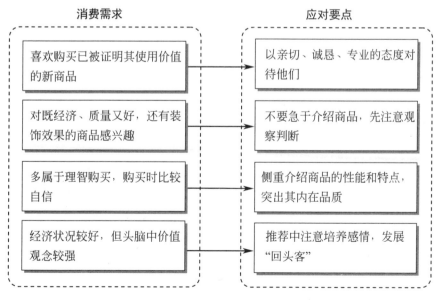

中年顾客的消费需求和应对要点

（3）青年顾客

青年顾客的消费需求和应对要点如下图所示。

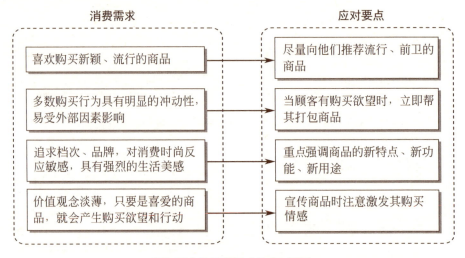

青年顾客的消费需求和应对要点

2.1.2 从性别观察顾客的需求

男性顾客在购物时偏重于理性，而女性顾客在购物时更偏重于感性，销售员在面对不同性别的顾客时也要注意区别对待。

（1）男性顾客

男性顾客的消费需求及应对要点如下图所示。

消费需求

- 多数是有目的的购买和理智型购买，购买时比较自信，因而不喜欢销售员过分热情和喋喋不休地介绍
- 购买动机常具有被动性，选购前就选择好了购买对象
- 选择商品以其用途、质量、性能、功能为主，价格因素的作用相对较小
- 希望迅速成交，对排队等候更是缺乏耐心

应对要点：销售员应该对其进行简短的、自信的、专业的介绍

男性顾客的消费需求及应对要点

（2）女性顾客

女性顾客的消费需求及应对要点如下图所示。

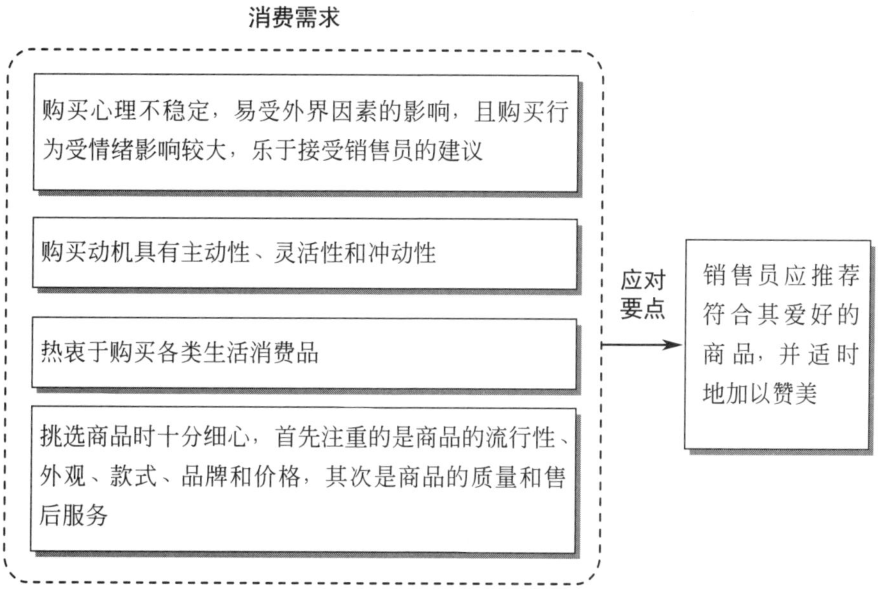

消费需求

- 购买心理不稳定，易受外界因素的影响，且购买行为受情绪影响较大，乐于接受销售员的建议
- 购买动机具有主动性、灵活性和冲动性
- 热衷于购买各类生活消费品
- 挑选商品时十分细心，首先注重的是商品的流行性、外观、款式、品牌和价格，其次是商品的质量和售后服务

应对要点：销售员应推荐符合其爱好的商品，并适时地加以赞美

女性顾客的消费需求及应对要点

（3）从服饰观察顾客的需求

服饰是一个人的仪表中非常重要的组成部分。一个人的穿着打扮就是他教养、品位、地位的最真实的写照。

一般来说，穿戴服饰质地优良、式样别致、名牌产品、价格昂贵的，即表明其有较高的购买力水平。而服饰面料普通、式样过时的顾客多是购买力水平较低的。

（4）从职业观察顾客的需求

从职业种类看，城镇工薪阶层购买力较强；农村农民、城镇无业者购买力相对较低。

心理破译

优秀的销售员会通过观察客户的外表，大体上知道这些客户的购买力，从而有针对性地向客户介绍、推荐商品，这样往往成交率较高。

2.2 从内在表现观察

从内在表现观察，是指从顾客的视线、言谈、举止上进行判断。眼睛是心灵的窗户，语言是心理的流露，举止是思索的反应。从顾客的言谈举止、表情流露能进一步了解顾客的脾气和性格，从而确定顾客的购买需求和购买动机。

2.2.1 从顾客行为观察

顾客购物时的不同行为，会表现出他们不同的消费需求。一般来说，顾客在卖场的行为可分下图所示的三种类型。

（1）走马观花型

走马观花型顾客的消费需求和应对要点如下图所示。

```
┌─消费需求──────────────────┐
│ ┌──────────────────────┐ │
│ │ 一般行走缓慢、谈笑风生、东瞧 │ │         ┌──────────────────────┐
│ │ 西看，哪儿有热闹往哪儿去     │ │──应对要点─│ 随时注意其动向，当这类顾 │
│ └──────────────────────┘ │         │ 客到货架查看商品时，销售 │
│ ┌──────────────────────┐ │         │ 员应热情接待，推荐商品   │
│ │ 没有特定的购买目标，遇到感兴 │ │         └──────────────────────┘
│ │ 趣的产品就有可能购买         │ │
│ └──────────────────────┘ │
└─────────────────────────┘
```

走马观花型顾客的消费需求和应对要点

（2）一见钟情型

一见钟情型顾客的消费需求和应对要点如下图所示。

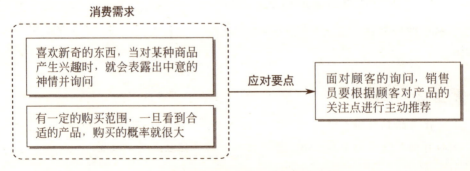

一见钟情型顾客的消费需求和应对要点

（3）胸有成竹型

胸有成竹型顾客的消费需求和应对要点如下图所示。

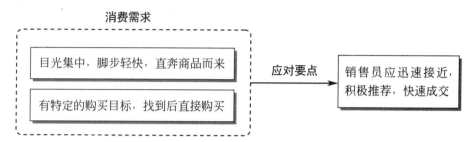

胸有成竹型顾客的消费需求和应对要点

2.2.2 从顾客态度观察

通过观察顾客进店后的态度，也能判断出顾客的消费需求。一般来说，顾客在卖场所流露出的态度可分为下表所示的五种类型。

对不同态度顾客的应对要点

序号	态度类型	应对要点
1	慎重型顾客	这种顾客在选购商品时，总是挑挑这个选选那个，拿不定主意，对这类顾客，我们不能急急忙忙地问："您想买点什么啊？"而应该是拿出至少两种以上的商品，以温和的态度对比介绍，直至顾客满意为止
2	反感型顾客	这类顾客对于介绍的商品总是抱有怀疑的态度，对于这种类型的顾客，应该适当地给予其一定的选购空间，在给顾客介绍商品的时候要切实地站在顾客的角度上为其考虑，以扬真诚之长，让顾客更放心
3	挑剔型顾客	这类顾客对于介绍的商品总是觉得这个不行，那个也不好。在遇到这种类型顾客的时候，不要加以反驳，要耐心地去听他讲，仔细地分析他不满意的地方在哪里，然后逐渐地排除他的不满意点，尽量推荐更多的商品供顾客选择
4	傲慢型顾客	这种类型的顾客，态度比较傲慢，经常会提出抱怨和指责，说话一般比较刺耳。接待这种类型的顾客，要采取镇静、沉着的态度，不要与顾客去争辩是非对错，只要尽力去将顾客的目光和注意力引导到商品上即可
5	谦逊型顾客	这种顾客比较善于思考和观察，他不喜欢说，但是他会用敏锐的眼睛观察各个方面。他会用大脑思考和衡量你介绍的商品的情况。在接待的时候，一定要注意自己的言谈举止，不仅要诚恳，也要礼貌地介绍商品的优点，而且还要介绍商品的缺点

2.3 从相互关系上观察

顾客到商店买东西，特别是购买数量较多、价格较高的商品时，大多是结伴而来，在选购时由于各自的个性特征及兴趣、爱好不同，意见往往不一致。接待这样的顾客，销售员要弄清下图所示的情况。

情况一	谁是出钱者。有些时候符合出钱者的意愿是很重要的
情况二	谁是商品的使用者。有些时候使用者对选定商品有决定作用
情况三	谁是同行者中的"内行"。由于"内行"熟悉商品，所以虽然他既不是使用者，又不是出钱者，但对商品选定起着重大作用

结伴顾客的消费情况

在了解了上述情况以后，销售员还要细心观察、分清主次，找到影响该笔生意的人，然后以该人为中心，帮助他们统一意见，选定商品。

2.4 观察顾客的注意事项

销售员在接待顾客的过程中，要学会"察言观色"，留意顾客的衣着谈吐和行为举止，并对顾客进行分析判断，但是在观察过程中，要注意以下两个问题。

（1）控制好距离

每个人都会设定一个安全的距离以保障自身的安全。安全距离之内的位置只留给特别亲近的人，如亲人和朋友。如果其他人未经许可随便进入这个范围，就可能使人产生警戒和防备心理。

（2）自然大方

观察顾客是为了了解顾客，进而更好地为顾客提供服务。销售员在观察顾客时应该自然大方、表情轻松，不要扭扭捏捏或紧张不安；也不能表现得太过分，从而让顾客感觉到像是在受监视。

 **心理破译**

销售员在观察顾客时,一定要注意保持安全距离。最佳的观察顾客的距离是一米以外、三米以内。这样既可以避免顾客产生防备心理,也方便销售员及时反应,为顾客提供服务。

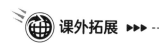 **课外拓展** ▶▶▶

学会察言观色,助你读懂对方心理

言辞能透露一个人的品格,表情和眼神能让我们窥测他人内心,衣着、坐姿、手势也会在毫无知觉之中"出卖"它们的主人。言谈能告诉你一个人的地位、性格、品质以及流露内心情绪。

特别是与不熟悉的人交流时,我们更需要仔细倾听对方的谈话内容并观察表情变化,进而准确判断对方的心理,说出对方想听的话,满足他的心理需求,这样交流就容易顺利进行。那么,应该怎么观察对方言行,读懂谈话对象的心理呢?

1.厌烦类

当我们在交谈中,对方表现出叹气、伸懒腰、打哈欠、东张西望、看时间、表情无奈等表情时,你就应该注意了,因为对方已经对你的谈话表现出厌烦、无趣。这时你该做的是转移话题,谈论对方感兴趣的事物。

2.兴奋类

当我们说到某件事或某种东西时,对方表现出瞳孔放大,目不转睛地看着你,说明对方对你所说的事物具有较大的兴趣,此时,你可以继续谈论这个话题,从而给予对方好感。

3.不屑类

你说话时,对方都不正眼看你,总是偷朝一边,眼睛斜视,头抬得很高,以显示你和他的距离,这些表现则体现出他对你说的话不屑一顾。此时,你可以把位置调换,叫他来说类似的事情,看看他的不屑一顾到底从何而来。

4.自豪骄傲类

一般对方说到自己得意的事情,声音会自然放大,越说越兴奋,手脚的动作幅度会变大,完全投入到其中,因为他曾经可能某类事情做得特别出色。而面对于这类表情你只需要适当赞美一下,就能很容易得到对方的好感。

5. 僵硬类

当你所说的内容让他脸上肌肉麻木,面无表情,这往往是充满憎恶与敌意的表现。这时一定要回想一下自己所说的内容,如果找出原因,应该立即道歉,如果没有,则马上换个话题。

6. 欺骗类

当你问对方问题时,对方表现出急促不安,手脚乱动,抹鼻子,瞳孔放大,眼神漂浮,不敢直视,那么对方一定有什么事情隐瞒你,可以慢慢地跟他交流,谈心,从中"套"出来。

销售心理解析

◎求实心理◎

这是客户普遍存在的心理动机,客户的首要需求便是商品必须具备实际的使用价值,讲究实用。有这种动机的客户在选购商品时,特别重视商品的质量效用,追求朴实大方、经久耐用,而不过分强调外形的新颖、美观、色调、线条及商品的"个性"特点。

第三课 主动接近,读懂顾客心思

一本书搞懂销售心理学

> **情景导入**

王老师:"上一堂课,我们讨论了如何观察顾客,大家的发言都非常积极。这节课,我们就来讲讲如何接近顾客。"

"谁来说说什么是接近?"王老师问道。

学员小李举手后说道:"我觉得接近就是销售员向顾客打招呼表示欢迎,或是询问顾客需要何种商品或服务。"

小张随后也举手发言:"我认为接近顾客是推销洽谈活动的前奏,是推销人员与顾客正式就交易事件接触见面的过程。"

王老师:"小李和小张都说得非常好!每一次销售都有一个起点,这个起点就是接近顾客。当顾客进店后,通过一系列的观察,边和顾客寒暄,边接近顾客,是销售工作中重要的一环。作为销售员,一定要紧紧抓住这一环,否则,到手的生意也会失去。"

此时,小许举手发言:"王老师,您说得太对了。'接近客户的三十秒,决定了销售的成败',这是我经常在我们公司早会上听到的口号。可是我刚转行做销售不久,对如何接近顾客,还真有点儿把握不准,您给我们好好讲讲吧。"

王老师:"如何接近顾客,是销售员给顾客留下第一印象的关键时机,是能否引起顾客注意、因此接近、进而对产品产生兴趣、后面的产品展示能否顺利进行的重要阶段。也是关系到销售成败的举足轻重的第一步,而有技巧的接近方法则是连接产品展示与成交的一座桥梁。"

"那这堂课,我们就来从接近顾客搭话的时机、接近顾客的方法、接近顾客的注意事项这三个方面来讲讲如何接近顾客。"王老师接着说。

3.1 接近顾客搭话的时机

接近的困难在于接近时机选择的困难,接近太早或太迟都不合适。接近太早,顾客会有压迫感或产生警戒心;接近太迟,顾客会感到受到冷落而失去购买兴趣。因此,销售员要把握适当的时机接近顾客。

一般来说,在下列情况下,销售员应主动接近顾客,并与顾客搭话,建立初步联系。

（1）顾客一直注视着同一件商品时

这个时候正是接近顾客的时机，因为长时间只看着同样的商品，证明这位顾客不知什么原因对那件商品有"兴趣"，或者这时候他已经到达"联想"的阶段了。

这时招呼的方法为，从顾客的正面或是侧面，不慌不忙地说声"欢迎光临"。若是认为顾客已经进入"联想"阶段的话，不妨用比"欢迎光临"更能令"联想"高涨的语句，比如"这个设计得很不错哦"这样的语句来招呼，也许更为恰当。

（2）顾客用手触摸商品时

一直看着某件商品的顾客有时会用手去触摸商品，这表示他对那件商品感兴趣。人对引发他兴趣的东西往往会摸摸看，来证实一下。利用此特点，可以抓住接近的好时机。只是这时候，客人正欲接触商品的刹那，若从背后趁其不备时出声的话，恐怕会吓到客人。应先屏住呼吸一会儿，再从侧面自然地向前招呼较妥当。

（3）顾客从看商品的地方抬起头来时

一直注视着商品的客人突然把脸转了过来，这意味着他想把商品拿在手上仔细看一下，想要销售员过来的意思。这时可毫不犹豫地大声说"欢迎光临"，这样的招呼可以说是万无一失，大部分可以成功。

（4）顾客脚静止不动时

在店内边走边浏览陈列及展示柜中商品的顾客，突然停下脚步，这时是向前招呼的最好时机，因为他可能在那儿找到了心里想要的东西。看清楚是什么商品令他心动，赶快趁热打铁地向他招呼。

（5）顾客像是在寻找什么时

一进到店里来，顾客就左顾右盼地像在寻找什么时，应该尽早向他说声"欢迎光临，您需要什么吗？"招呼得早，省去顾客花时间寻找的麻烦，他心里会高兴。销售员也能做有效率地配合，可以说一举两得。

（6）和顾客的眼睛正面碰上时

和顾客的眼睛正面碰上时，并不在购买心理过程阶段的任何一个阶段里面，还是应该轻轻说声"欢迎光临"。这虽然未必和销售有所关联，但把它视为应有的礼貌还是需要的。然后暂退一旁，等待再次向前招呼的机会。

以上六个接近顾客的好机会，要根据各自店铺的情况、经营商品种类及所处地区灵活运用。

3.2 接近顾客的方法

顾客到来时,销售员要立即停下手头的工作,马上中断与同伴的谈话,停止一切与销售无关的活动,迅速接近顾客,掌握销售主动权。

接近顾客的方法有下图所示的几种。

接近顾客的方法

(1) 介绍接近法

介绍接近法是指销售员进行自我介绍而接近顾客的方法。可以口头自我介绍,也可以出示能证明自己身份的有关资料。

比如,给顾客呈送自己的名片,销售员可以说:"您好!我是××品牌的销售员,不好意思,打扰您了!这是我的名片,有什么需要可以随时联系我。"

运用介绍接近法时要注意的是不要征求顾客的意见,以"需不需要我帮您介绍一下?""能不能耽误您几分钟……"开头,如果对方回答"不需要"或是"不可以",显然会造成尴尬。

> **心理破译**
>
> 销售员在直接介绍时要注意对方的表情和语言动作,要观察对方是否有兴趣并及时调整策略。

(2) 赞美接近法

赞美接近法是指销售员利用顾客的求荣心理来引起注意和兴趣,进而转入洽谈的接近方法。

对于年轻的顾客,可以使用比较直接、热情的赞美语言;对于严肃型的顾客,赞美语言应自然朴实,点到为止;对于虚荣型的顾客,可以尽量发挥赞美的作用;对于年老的顾客,应多用间接、委婉的赞美语言。

比如:"女士,您的气色真好,一看就知道特别注重睡眠。这款床垫,人躺上去非常舒服……"

"先生,看您的穿着和谈吐,就知道您一定是生活品位很高的人,这款床给人最明显的感觉就是清新典雅、低调奢华。来,我给您介绍一下……"

心理破译

俗语说,良言一句三春暖。好话谁都爱听,通常来说赞美得当,顾客一般都会表示友好,并愿意与你交流。

(3) 馈赠接近法

馈赠接近法是指销售员利用馈赠小礼品来引起顾客注意和兴趣,进而转入正式洽谈的接近方法。

利用馈赠接近法,应注意下图所示的事项。

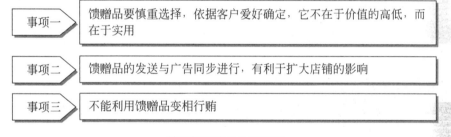

馈赠接近法的注意事项

(4) 示范接近法

示范接近法是指利用产品示范展示产品的功效,并结合一定的语言介绍,来帮助顾客了解产品,认识产品。

无论采取何种方式接近顾客和介绍产品,销售员必须注意下图所示的几个要点。

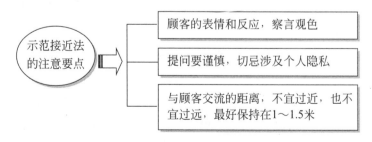

示范接近法的注意要点

（5）POP接近法

POP接近法是指销售员利用向顾客传递POP资料来接近顾客。

比如，销售员一边儿将宣传资料递给顾客，一边儿说："您好，请看看这是我们公司刚推出的新款产品。"

（6）提问接近法

提问接近法是指当顾客走进店铺时，抓住顾客的视线和兴趣，以简单的提问方式打开话局。

例如："您好，有什么可以帮到您吗？""您以前了解过我们的产品吗？这是我们公司最新的产品……"等。

3.3 接近顾客的注意事项

让顾客自由地挑选商品并不意味着对顾客不理不睬，不管不问，关键是销售员需要与顾客保持恰当的距离，用目光跟随顾客，观察顾客。一旦发现时机，立刻出击。如何接近顾客也是有学问的，销售员应注意以下几点。

（1）销售员在接近顾客时，必须从前方走近顾客。这样可以让顾客从视线中看到销售员而不至于产生不安。

（2）走过去时动作轻柔、缓慢，但是也不要悄无声息地走近顾客并突然出现在顾客面前，这样只会惊吓到顾客。只要像平时走路那样，自然地接近顾客即可。

（3）与顾客的距离要适度。据研究显示，人只有在和父母、兄弟、夫妻、小孩或极亲密的朋友在一起时，才愿意保持近距离而不会感到不安。所以，销售员在面对顾客时不要和他太过贴近，否则会令他不舒服。一般以1～1.5米较为适宜，最低不能少于45厘米。

（4）销售员在接近顾客后，就要立刻面带微笑，开口与顾客说话。千万不要走到顾客旁边一言不发，这样顾客以为销售员在监视他，会因此而不满。

（5）在开口与顾客说话时，销售员必须不时地与顾客有目光接触，但不能一直死死紧盯着顾客看，这样会让他产生不安和压力。

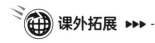 课外拓展 ▶▶▶

接近顾客的10句话

1.（表情微笑）您需要什么？我能为您服务吗？
2.今天是公司成立10周年，做活动，只要买我们的产品，这些都是免费赠送的。
3.您的女朋友手真漂亮，戴什么都好看，不亚于钢琴家弹钢琴的手。
4.您真识货，有眼光，这些都是最新款哦！
5.您的皮肤真水嫩，有光泽，和小孩子的皮肤一样。
6.您女儿长得真水灵，长大后肯定是个美女！
7.大爷，您真享福，您儿子真孝顺。
8.您好，我能耽误您几分钟时间吗？
9.请问有时间吗？您母亲问您要哪个品牌的？
10.您的身材真苗条，皮肤这么白，穿什么都好看。

 销售心理解析

◎ **求美心理** ◎

有求美心理的人，喜欢追求商品的欣赏价值和艺术价值，以中青年妇女和文化人士居多。具有此类心理的人在挑选商品时，特别注重商品本身的造型美、色彩美，注重商品对人体的美化作用，对环境的装饰作用，以便达到艺术欣赏和精神享受的目的。

第四课 理性分析,推断顾客需求

情景导入

王老师:"上一节课,我们讨论了如何接近顾客,大家都感触颇深。这节课,我们来讨论如何分析顾客需求。"

"分析顾客需求是为顾客推荐合适的商品、提供满意服务的基础和前提,是顺利完成导购工作的重要环节,但分析顾客需求绝不是一件轻而易举的事情。下面,大家先讨论一下,平时你们在工作中是如何对顾客进行分析的。"王老师问道。

小许想了想,举手发言:"平时,我也会分析到我们4S店来的顾客,分析他们的购买动机是什么,是为了出行方便,还是要提高生活品质。针对他们的购买动机,再为其推荐不同的车型。"

小张跟着发言:"我们店长经常教我们,要分析顾客的购买目标,比如有的顾客进店时目标很明确,对颜色、款式有指定要求,此时就可以根据顾客的要求来推荐产品,与顾客要求不符的产品,哪怕质量再好,款式再新,也不要向客户介绍,否则客户也会转身离去。"

小李接着说:"我们店长在平时,也会教我们如何分析顾客的消费层次,通过对顾客消费层次的分析与判断,可以在一定程度上透过消费水平来进一步了解到顾客的消费习惯,为后续工作打下基础。"

……

王老师:"大家说得非常好!作为销售员,必须研究你的目标顾客的消费层次、购买动机以及购买行为。"

"这节课,我们就讲讲如何分析顾客的消费层次、如何分析顾客的购买动机、如何分析顾客的购买行为、如何分析顾客的购买决策。"王老师接着说。

4.1 分析顾客的消费层次

通过对顾客消费层次的分析与判断,可以在一定程度上通过消费水平来进一步了解顾客的消费习惯,为后续工作打下基础。对于销售员来说,可以从下图所示的几个方面来分析顾客的消费层次。

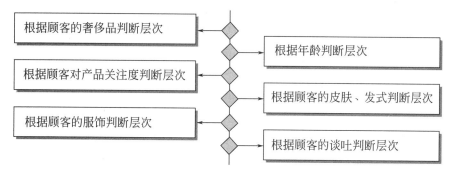

分析顾客的消费层次

（1）根据顾客的奢侈品判断层次

销售员可以从顾客所拥有的奢侈品来判断，包括名车、名表、名包、名烟。一般来说，他们具有相当的经济实力、文化程度、社会地位或者时尚敏锐度，影响力较大，能接受高端的产品。

（2）根据年龄判断层次

年轻人比较注重时尚，因此可以推荐新品，强调外观；中年人比较注重品质，因此可以推荐中高端产品，强调公司的技术实力；老年人比较注重实用，因此可以推荐特价产品，强调产品的性价比。

（3）根据顾客对产品关注度判断层次

如果店里产品是明码标价的，顾客进店后先让顾客自己看一会儿。观察顾客在什么价位段的产品前停留时间最长，由此判断他所承受的价位，推荐适合他的产品。

（4）根据顾客的皮肤、发式判断层次

假如顾客皮肤保养非常好、发式时尚，可以判断他的经济收入较高，可以推荐中高端产品。

（5）根据顾客的服饰判断层次

穿着都是名牌、服饰讲究，一般住高档小区、经济收入都较高，比较崇尚成功的感觉。因此可以推荐高档产品，强调"像您这样有生活品位的人，就应该享受高档的生活"，满足他那种成功人士的感觉。

（6）根据顾客的谈吐判断层次

从顾客的谈吐能判断他所从事的职业及职位，由此可以判定他的经济收入，从而推荐适合的产品。

4.2 分析顾客的购买动机

购买动机是为了满足一定需求而引起人们购买行为的愿意或意念,是推动人们购买活动的内部动力,也是消费者购买行为的直接出发点。

根据人们的知识、感情和意志等心理进程,能够把购买动机分为感情、理智和惠顾三种动机。

(1)感情动机

感情动机是指由于人的喜、怒、哀、乐等情绪和道德、情操、群体、观念等情感所引起的购买动机。感情动机又可分为情绪和情感的动机,具体如下图所示。

情绪动机	情感动机
情绪动机是由外界环境因素的突然刺激而产生的好奇、兴奋、模仿等感情而激发的购买动机。影响情绪动机的外部因素有很多,如广告、展销、表演、降价等	情感动机所引发的购买欲望,多注重商品的外在质量,讲究包装精美、样式新颖、色彩艳丽,对商品价格不求便宜,而求适中偏高

感情动机的分类

(2)理智动机

理智动机是指经过认真考虑,在理智的约束下所产生的购买动机。顾客对所购商品有一定的理解及认识,经过一定的比较和选择。理智动机的形成比较复杂,有一个从感性到理性的心理活动进程。

在理智动机驱使下的购买,比较注重商品的质量,要求实用、可靠、价格适当、使用方便、设计合理以及高效率等。

如某品牌电热水器制造商保证长期免费维修服务、某品牌毛巾柔软舒适、某品牌汽车安全可靠等,都是出于顾客购买的理智动机来考虑的。

(3)惠顾动机

惠顾动机是指顾客出于对某家企业或某种商品的信任和偏好而产生的购买动机,也叫信任动机。在惠顾动机的支配下,顾客会重复、习惯地向某一推销商或商店购买商品。

顾客之所以会产生惠顾动机，常常是因为以下三个原因：
（1）销售员礼貌周到；
（2）商品品质优良、价格适当、品种繁多；
（3）商店信誉良好、提供信用及劳务、地点时间都很便利、店面布置美观。

4.3 分析顾客的购买行为

所谓顾客的购买行为，是指顾客为满足自己生活需要，在一定购买动机驱使下，所进行的购买商品的活动过程。

顾客千差万别的购买行为，是以其千姿百态的心理活动作为基础的。顾客在购买活动中所发生的心理变化，是主观与客观的统一，是顾客对客观事物和本身需要的综合反映。这种复杂而微妙的心理活动，直接支配着顾客的购买行为，影响着实行购买的全过程，产生出各有差异的购买行为。

4.3.1 从购买目标的选定分析

顾客购买行为是复杂的，其购买行为的产生是受到其内在因素和外在因素的相互促进交互影响的。销售员可以从顾客购买目标的选定来分析顾客的购买行为，一般来说，有下图所示的几种类型。

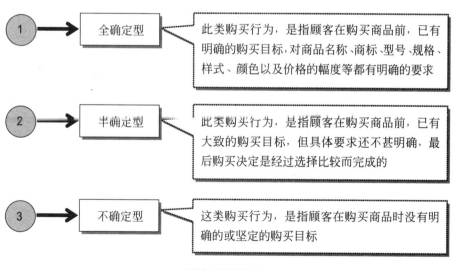

顾客的购买目标

行为分析说明：

（1）采取这种购买行为的顾客进入商店后，一般都有目的地选择，并主动地提出需购商品以及对商品的各项要求，可以毫不迟疑地买下商品，其购买目标在购买行动与语言表达等方面都能鲜明地反映出来。

（2）持这种购买行为的顾客，在进入商店后，一般不能明确、清晰地提出所需商品的各项要求，实现购买目标需要经过较长的比较、评定才能完成。

（3）持这种购买行为的顾客进入商店主要是参观，一般是漫无目标地观看商品，或随便了解一些商品的销售情况，遇到感兴趣与合适的商品也会购买，否则不买商品就离去。

4.3.2 从购买态度与要求分析

态度通常指个人对事物所持有的喜欢与否的评价、情感上的感受和行动倾向。优秀的销售员会通过顾客的购买态度与要求来分析其购买行为。

一般来说，顾客的购买态度有下图所示的几种情形。

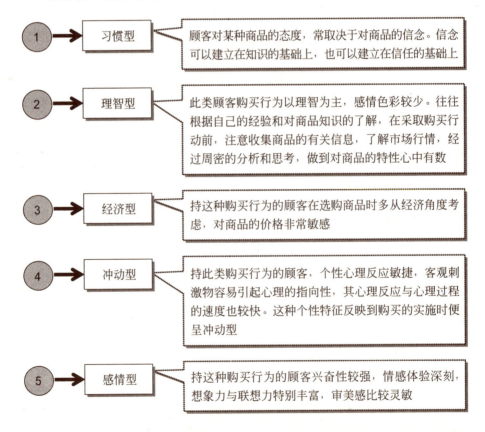

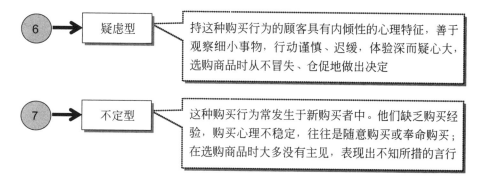

顾客的购买态度

行为分析说明：

（1）属于此类行为的顾客，往往根据过去的购买经验和使用习惯进行购买活动，很少受时尚风气的影响。

（2）此类顾客在购买过程中，主观性较强，不愿别人介入。受广告宣传以及销售员的介绍影响甚少，往往是自己对商品进行一番细致的检查、比较，反复地权衡各种利弊因素，才做购买决策，在做决定时，一般也不太爱动声色。

（3）此类顾客在选购商品时，无论高档商品，还是中低档商品，首选的是价格，他们对"大甩卖""清仓""血本销售"等低价促销最感兴趣。一般来说，这类顾客与自身的经济状况有关。

（4）此类行为，以直观感觉为主，新产品、时尚产品对其吸引力较大。他们一般对所接触到的第一件合适的商品就想买下，而不愿进行反复选择比较，因而能快速地做出购买决定。

（5）此类顾客，在购买商品时容易受感情的影响，也容易受销售宣传的诱导，往往以商品品质是否符合其感情的需要来确定是否购买。

（6）持这种购买行为的顾客，还可能因犹豫不决而中断：购买时常常"三思而后行"，购买后还会疑心是否受骗上当。

（7）持这种购买行为的顾客，一般都渴望能得到商品介绍的帮助，并很容易受外界的影响。

4.3.3 从顾客的情感反应分析

顾客往往对他们的需要和欲望言行不一致。销售员可以通过细心地观察顾客在购物现场的情感反应来了解他们的内心世界，从而分析其购买行为。一般来说，可将顾客的情感分为下图所示的几种类型。

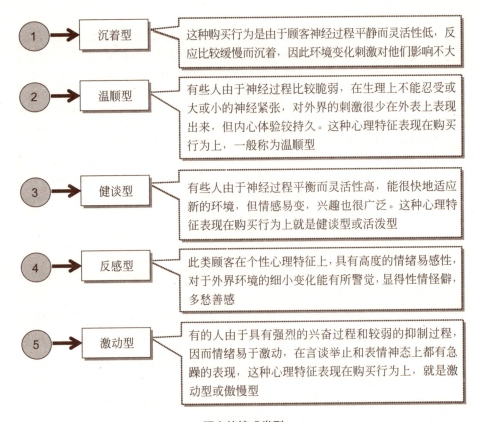

顾客的情感类型

行为分析说明：

（1）持这种购买行为的顾客在购买活动中往往沉默寡言，情感不外露，举动不明显，购买态度稳重，不愿谈与商品无关的话题，也不爱听幽默或玩笑式的语句。

（2）此类顾客在选购商品时往往遵从介绍后做出购买决定，很少亲自重复检查商品的品质。持这种购买行为的顾客对商品本身并不过于考虑，而更注重服务态度与服务质量。

（3）持这种行为的顾客在购买商品时，能很快地与人们接近，愿意交换商品意见，并富有幽默感，喜爱开玩笑，有时甚至谈得忘乎所以，而忘记选购商品。

（4）持这种购买行为的顾客在购买过程中，往往不能忍受别人的多嘴多舌，对销售员的介绍异常警觉，抱有不信任的态度，甚至露出讥讽性的神态。

（5）此类顾客选购商品时表现出不可遏制的劲头，而不善于考虑有否可能，在言语表情上显得傲气十足，甚至会用命令式的口气提出要求，对商品品质和服务质量的要求极高。

其实，现实生活中顾客的购买行为远比上述分析复杂得多。即使在同类购买行为里,由于顾客的性别、年龄、职业、经济条件和心理素质等方面的不同,以及购买环境、购买方式、商品类别、供求状况、服务质量等方面的不同,都会出现购买行为的差异现象,销售员应根据现场情况,适时做出分析。

4.4 分析顾客的购买决策

仅仅了解消费者行为的主要因素和消费者行为模式,对于营销者还是不够的,还需要了解:目标购买者是谁?他们面临着什么样的决策?谁参与决策?购买者决策过程的主要步骤是什么?

4.4.1 购买决策过程的参与者

消费通常是以家庭为单位进行购买的,但购买决策者一般是家庭中的某一个或几个成员。究竟谁是决策者,要依不同商品而定。有些商品,对于家庭中的决策者、使用者和实际购买者,意见往往是不一致的,销售员必须了解谁是决策者,谁是影响者,谁参与购买过程,从而有针对性地开展促销活动,才能取得最佳效果。

不同的购买决策可能由不同的人员参加。同一购买决策也可能由不同的人参加,即使同一购买决策只有同一人参加,该购买决策人在参与购买决策过程的不同阶段也充当着不同的角色。也就是说,人们在购买决策过程中可能扮演不同的角色。或者说,在购买决策过程的不同阶段,有扮演不同角色并相应地完成不同功能的参与者,具体如下图所示。

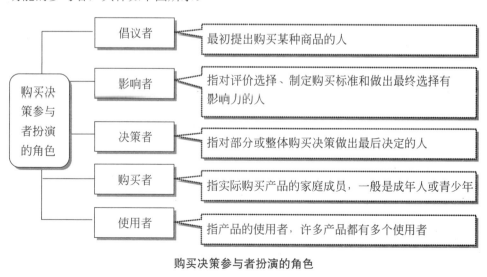

购买决策参与者扮演的角色

4.4.2 购买决策内容

消费者的购买决策，是指消费者要对购买对象、购买目的、购买组织、购买时机、购买地点、购买方式等做出选择，具体如下图所示。

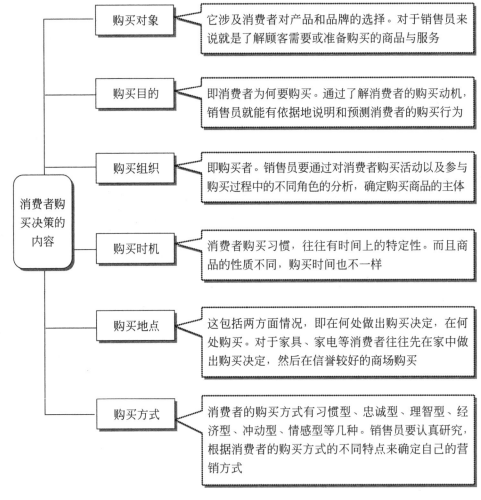

消费者购买决策的内容

4.4.3 购买决策过程

消费者的购买决策过程，是指消费者购买行为或购买活动的具体步骤、程度、阶段，它一般由五个环环相扣的阶段组成，具体如下图所示。

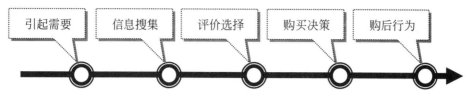

消费者购买决策的过程

（1）引起需要

人的需要可以由两种刺激而引起，具体如下图所示。

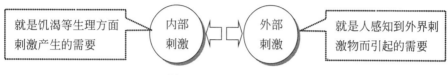

引起需要的两种刺激方式

市场营销的"创新"和"开发"等实际上就是发现及满足顾客的潜在需求。一般来说，消费者对消费的渴求与确认，是内部刺激与外部刺激共同引起的。当外部刺激使消费者心理紧张起来时，便形成消费需要。销售员应通过强有力的市场营销组合策略，帮助消费者确认需要。

消费者对某种产品的需求强度，会随着时间的推移而变化，销售员在一定情况下要尽可能地强化消费者需求，以让他们尽快地进入第二阶段。

（2）信息搜集

在确认需要之后，消费者往往需要进一步了解商品的相关信息，了解市场行情，作为购买决策的依据。消费者信息来源的主要途径如下图所示。

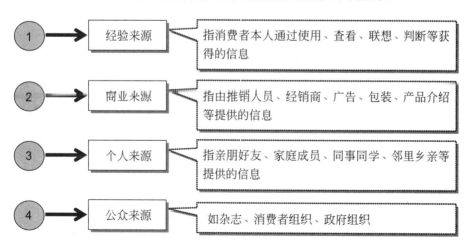

消费者信息来源的主要途径

消费者所获得的信息越丰富,就越有利于做出购买决策。因此,销售员要善于利用一切信息和传播媒介来沟通产品与消费者之间的联系,扩大产品和企业的知名度。

(3)评价选择

消费者收集信息后,经过分析、整理,对各种商品的质量、效用、款式、价格、品牌、售后服务等进行比较和评价,来选定自己满意的商品。对于消费者的评价选择过程,有几点值得关注,具体如下图所示。

关注一	消费者考虑的首要问题是产品性能
关注二	消费者的品牌信念与产品的实际性能会有一定差距
关注三	多数消费者的评选过程是将实际产品与自己理想中的产品相比较

消费者评价选择过程的关注点

(4)购买决策

购买决策是消费者购买行为最关键的阶段,是顾客最当心的阶段,也是销售员一切营销努力的希望所在。

做出购买决定和实现购买,是决策过程的中心环节。消费者对商品信息进行比较和评选后,已形成购买意图,然而从购买意图到决定购买之间,还要受两个因素的影响。

第一个因素,是他人的态度。

例如,某人已准备购买某品牌冰箱,但他的家人或亲友持反对态度,就会影响购买意图。反对态度越强烈,或持反对态度者与购买者的关系越密切,修改购买意图的可能性就越大。

第二个因素,是意外的情况。购买意图是在预期家庭收入、预期价格和预期获益(从购买的产品中)的基础上形成的。如果发生了意外的情况——失业、意外急需、涨价或亲友带来该产品令人失望的信息,则很可能改变购买意图。

(5)购后行为

消费者的购后行为有两个,具体如下图所示。

```
┌─────────────────┐         ┌─────────────────┐
│ 购后的满意程度  │         │   购后的活动    │
└────────┬────────┘         └────────┬────────┘
```

| 主要取决于消费者对产品的预期性能是否得到满足，因此，产品的广告和销售员的承诺必须实事求是，尽量使其符合产品的实际性能，以便让消费者感到满意 | 主要表现在是否产生重复购买行为，并进一步吸引其他消费者购买。在这里，售后服务会起到很大的作用 |

消费者的购后行为

综上所述，消费者购买过程的五个阶段或步骤是环环相连、循序渐进的。整个购买过程都要受消费者心理、企业营销策略以及其他各种相关因素的影响。销售员的任务就在于认识每一个阶段的购买者的行为特点，采取行之有效的措施，引导消费者的购买行为，不仅促成消费者即时交易，而且还要赢得顾客的重复购买和长期购买。

4.5 分析顾客购买过程的心理

销售员要掌握顾客在购买产品过程中的八个阶段心理的变化，努力做一个对顾客有帮助、让顾客购物愉快的销售员。

要做好这样的销售员，不但要具备商品知识，还要了解顾客的心理，才能掌握待客要领。那么什么样的待客方式才能使顾客真正感到高兴？

一般来说，当顾客站在商品前时会有以下的反应。

噢，这是什么？（注意）

这个应该不错！（兴趣）

应该很搭配吧！（联想）

真想要！（欲望）

虽然想要，但其他也许还有好一点儿的。（比较）

喂，就决定这个吧！（信赖）

请给我这个。（购买）

真好，买到好东西！（满足）

上述反应正好体现了顾客在购买产品过程中的八个心理变化，具体如下图所示。

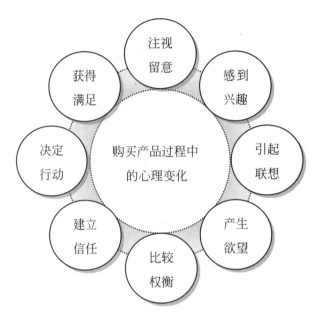

购买产品过程中的心理变化

（1）注视留意

当顾客想买或随意浏览，出现了感兴趣的某款产品时，他就会驻足观看。在浏览的过程中，顾客往往会注意到店内的环境设施、产品陈列、电视演示以及各种宣传资料、POP的摆放等。

从购买过程来看，这是第一阶段，也是最重要的阶段。

如果顾客在浏览中没有发现感兴趣的产品，而销售员又不能引起顾客的注意，那么购买过程即告中断；倘若能引起顾客的注意，就意味着成功了一大半。

心理破译

当有顾客进入卖场时，销售员应立即主动地向顾客打招呼，同时结合询问来了解和观察顾客的购买意图。

（2）感到兴趣

当顾客驻足于产品前或是观看其他产品演示时，可能会对产品的价格、外观、款式、颜色、使用方法、功能等中的某一点产生了兴趣和好奇感，同时可能会向销售员问一些他关心的问题。

顾客的兴趣来源于两方面，具体如下图所示。

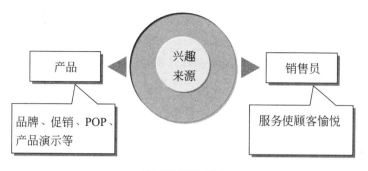

顾客的兴趣来源

（3）引起联想

顾客对产品产生兴趣时，可能会触摸产品或者从各个不同的角度端详产品，由相关的产品宣传资料中联想到"此产品将给自己带来哪些益处？能解决哪些困难？自己能从中得到哪些享受？"

顾客经常会把感兴趣的产品和自己的日常生活联系在一起。

"联想"阶段十分重要，因为它直接关系到顾客对产品表示满意或不满意、喜欢或不喜欢的最初印象和感情的阶段——"喜欢阶段"。在这个阶段，顾客的联想力肯定是非常丰富而又飘忽不定的。

心理破译

在顾客选购产品时，销售员应灵活使用各种方法和手段（如公司的POP、宣传资料）适度地帮助顾客提高他的联想力——这也是成功销售的秘诀之一。

（4）产生欲望

产生联想之后的顾客，接着会由喜欢产生一种将这种产品占为己有的欲望和冲动。

当顾客询问某种产品并仔细地加以端详时，就已经表现出他非常感兴趣、想买了。

因此，销售员要抓住时机，通过细心观察，揣摩顾客的心理，进一步介绍其关心的问题，促进顾客的购买欲望。

（5）比较权衡

上述的欲望仅仅是顾客准备购买，尚未达到一定要买的强烈欲望。顾客可能会做进一步的选择；也可能会到其他店去比较同类产品；还可能从店中走出去，过一会儿（也可能是几天）又回到本店，再次注视此产品。

此时，顾客的脑海中会浮现出很多曾经看过或了解过的同类产品，彼此间做个更详细、更综合的比较分析（比较的内容包括产品的品牌、款式、颜色、性能、用途、价格、质量等）。

比较权衡是购买过程中买卖双方将要达到顶点的阶段，即顾客通过比较之后有了更全面的认识，是将要决定购买与否的关键阶段。

也许有些顾客在比较之后就不喜欢这种款式了，也许有些顾客会做出购买决定，还有些顾客在这时会犹豫不决，拿不定主意，此时就是销售员表现的最佳时机——适时地提供一些有价值的建议，供其参考，帮助顾客下定决心。

（6）建立信任

在脑海中进行了各种比较和思想斗争之后的顾客往往要征求（询问）销售员的一些意见，一旦得到满意的回答，大部分顾客会对此产品产生信任感。影响顾客信任感的三个因素如下图所示。

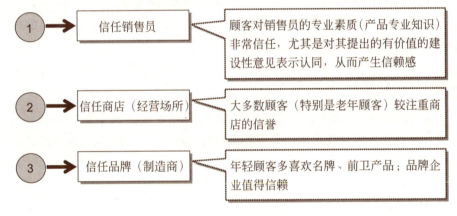

影响顾客信任感的因素

心理破译

在顾客即将产生信任的阶段，销售员的接待技巧、服务用语、服务态度、专业知识就显得非常重要，因为这些知识与销售服务技巧直接关系到能否当好顾客的参谋，使其产生信任感。

（7）决定行动

决定行动，即顾客决定购买产品并付诸行动。当顾客一旦出现购买的信号时，销售员就要自然停止产品介绍，转入建议购买的攻势中。机会稍纵即逝，要好好把握，销售员可参考下图所示的顾客购买信号，来及时帮助顾客下定最后的决心。

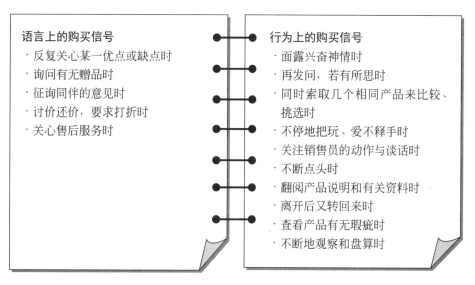

顾客流露的购买信号

（8）获得满足

顾客做出购买决定还不是购买过程的终点。

因为顾客在付款的过程中还可能发生一些不愉快的事情。如交款时、开票时、送客时销售员如有不周到之处，即会引起顾客的不满意，甚至发生当场退货事情。因此，销售员要从始至终保持诚恳、耐心的待客原则，直至将顾客送别为止。顾客所获得的满足感有两种，具体如下图所示。

顾客获得的满足感

另外，产品使用过程中的满足感也至关重要。这种满足感会通过自己使用或家人对其购买产品的看法体现出来，需要一定的时间。

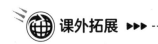

影响消费者购买行为的因素

影响消费者购买行为的主要因素有消费者自身因素、社会因素、企业和产品因素等。分析影响消费者购买行为的因素,对于正确把握消费者行为,有针对性地开展市场营销活动,具有极其重要的意义。

一、消费者自身因素

消费者购买行为首先受其自身因素的影响,这些因素主要包括以下内容。

1.消费者的经济状况(即消费者的收入、存款与资产、借贷能力等)

消费者的经济状况会强烈影响消费者的消费水平和消费范围,并决定着消费者的需求层次和购买能力。消费者的经济状况较好,就可能产生较高层次的需求,购买较高档次的商品,享受较为高级的消费;相反,消费者的经济状况较差,通常只能优先满足衣、食、住、行等基本生活需求。

2.消费者的职业和地位

不同职业的消费者,对于商品的需求与爱好往往不尽一致。一个从事教师职业的消费者,一般会较多地购买书报、杂志等文化商品;而对于时装模特儿来说,漂亮的服饰和高雅的化妆品则更为需要。消费者的地位不同也影响着其对商品的购买。身在高位的消费者,将会购买能够显示其身份与地位的较高级的商品。

3.消费者的年龄与性别

消费者对产品的需求会随着年龄的增长而变化,在生命周期的不同阶段,相应需要各种不同的商品。如在幼年期,需要婴儿食品、玩具等;而在老年期,则更多需要保健和延年益寿产品。不同性别的消费者,其购买行为也有很大差异。烟酒类产品较多地被男性消费者购买,而女性消费者则喜欢购买时装、首饰和化妆品等。

4.消费者的性格与自我观念

性格是指一个人特有的心理素质,通常用刚强或懦弱、热情或孤僻、外向或内向、创意或保守等去描述。不同性格的消费者具有不同的购买行为。刚强的消费者在购买中表现出大胆自信,而懦弱的消费者在挑选商品中往往缩手缩脚。

二、社会因素

人是生活在社会之中的,因而消费者的购买行为将受到诸多社会因素的影响。

1.社会文化因素对消费者购买行为的影响

文化通常是指人类在长期生活实践中建立起来的价值观念、道德观念以及其他行为准则和生活习俗。若不研究、不了解消费者所处的文化背景，往往会导致营销活动的失败。

任何文化基本都包含着一些较小的群体或所谓的亚文化群。它们以特定的认同感和影响力将各成员联系在一起，使其持有特定的价值观念、生活格调与行为方式。这种亚文化群有许多不同类型，其中影响购买行为最显著的如下所示。

（1）民族亚文化群　如我国除了占人口多数的汉族以外，还有几十个民族，他们在食品、服饰、娱乐等方面仍保留着各自民族的许多传统情趣和喜好。

（2）宗教亚文化群　以我国来说，就同时存在着伊斯兰教、佛教、天主教等。他们特有的信仰、偏好和禁忌在购买行为及购买种类上表现出许多特征。

（3）地理亚文化群　如我国华南地区与西北地区，或沿海地区与内地偏远地区，都有不同的生活方式和时尚，从而对商品的购买也有很大不同。

2.社会相关群体对消费者购买行为的影响

相关群体是指对消费者的态度和购买行为具有直接或间接影响的组织、团体和人群等。消费者作为社会一员，在日常生活中要经常与家庭、学校、工作单位、左邻右舍、社会团体等发生各种各样的联系。

家庭是消费者最基本的相关群体，因而家庭成员对消费者购买行为的影响显然最强烈。现在大多数市场营销人员都很注意研究家庭不同成员，如丈夫、妻子、子女在商品购买中所起的作用和影响。一般来说，夫妻购买的参与程度大都因产品的不同而有所区别。家庭主妇通常是一家的采购者，特别是在食物、家常衣着和日用杂品方面的购买，传统上更主要由妻子承担。但随着知识女性事业心的增强，男子参与家庭和家务劳动的风气逐步兴起，现在生产基本生活消费品的企业如果仍然认为妇女是他们产品唯一的或主要的购买者，那将在市场营销决策中造成很大的失误。当然在家庭的购买活动中，其决策并不总是由丈夫或妻子单方面做出的，实际上有些价值昂贵或是不常购买的产品，往往是由夫妻双方包括已长大的孩子共同做出购买决定的。

亲戚、朋友、同学、同事、邻居等也是影响消费者购买行为的重要相关群体。这些相关群体是消费者经常接触、关系较为密切的一些人。由于经常在一起学习、工作、聊天等，使消费者在购买商品时，往往受到这些人对商品评价的影响，有时甚至是决定性的影响。

此外，影响消费者购买行为的社会因素还包括一定的社会政治、法律、军事、经济等因素。

三、其他因素

影响消费者购买行为的主要因素，除消费者自身因素、社会因素之外，还有企业和产品因素，如产品的质量、价格、包装、商标和企业的促销工作等。

销售心理解析

◎求新心理◎

求新心理是指客户在购买产品时，往往特别钟情于时髦和新奇的商品，即追求时髦的心理。客户通过对时尚产品的追求来获得一种心理上的满足。求新心理是客户普遍存在的心理，在这种心理作用下，客户表现出对新产品有独特的爱好。

第五课　认真倾听，了解顾客需求

一本书搞懂销售心理学

> **情景导入**

王老师:"上节课,我们讨论了如何分析顾客的消费层次、购买动机、购买行为以及购买决策,其目的是为了推断顾客的需求。"

"那么,这节课,我们来讲讲在与顾客的沟通过程中,如何通过倾听来了解顾客的需求。"顿了顿,王老师接着说,"现在我想问问,你们觉得在销售过程中,倾听重要吗?"

小黎率先发言:"我觉得挺重要的。用心倾听虽然会耗费销售员的时间和精力,但它是投资,是会有回报的。虽然花费了时间去倾听顾客的说话,但是了解了顾客的需求和意见之后,就能根据顾客的需求和意见,有针对性地介绍产品,促进销售。"

小李接着说:"这个我是深有感触。我给大家讲个故事,是我刚开始做家具销售员时发生的事。记得那天有位顾客来我们店里看中了一套沙发,在与顾客交流的过程中,顾客最后说道'这套桌椅质量确实不错,就是样子和颜色不是很满意!'我一听,立即就给顾客介绍其他样式和颜色的产品,可顾客看了一圈后,还是不满意,正要离开的时候,我们店长来了,了解了情况后,马上对顾客说'您之前看中的这套沙发,其款式和颜色是目前最流行的,如果您现在就购买,价格上我们可以再商量。'顾客一听,马上露出高兴的笑容,与店长商量好价格后满意而归。"

王老师:"这个故事很有代表性。的确,顾客的满意或不满意、赞同或不赞同,都会通过其语言或身体语言反映出来。'会听'的销售员通常从聆听中可以迅速判断出顾客的类型、顾客真正的需求,只有'会听'的销售员才能听出客户的弦外之音,最终才能达成销售。"

5.1 倾听的重要性

倾听是拉进销售员与顾客关系的技巧,作为一名金牌销售员,要善于倾听顾客的声音,通过倾听,有效了解顾客的喜好、需求、愿望及不满,与顾客建立良好的关系,使顾客真实感受到你的良好服务。

倾听的重要性如下图所示。

| 重要性一 | 有助于了解顾客，了解需求 |

导购过程中，要想办法让顾客开口，让顾客自己说出看法、意见和顾虑。把 2/3 的话留给顾客说，自己只说 1/3

| 重要性二 | 可以使顾客感受到尊重和欣赏 |

卡耐基曾说过："专心听别人讲话的态度，是我们能够给予别人的最大赞美。"同时，顾客会用感激和热情回报你的真诚

| 重要性三 | 可以使自己更受欢迎 |

当我们把注意力集中在倾听对方、理解对方的时候，我们的姿态是谦恭的，这样的人，无论什么场合都会受人欢迎

| 重要性四 | 有助于赢得主动 |

金牌销售员面对顾客时，会先把自己的底牌藏起来，听顾客说出自己的意图后，才根据情况出牌，这样的成功率更高一些

倾听的重要性

5.2 倾听的原则

认真地倾听比喋喋不休地倾诉更容易接近顾客，了解其真实的需求。倾听能表达对顾客的关怀，使他愿意把你当朋友，从而提供周到的服务。作为销售员，在倾听时，可遵循右图所示的三大原则。

（1）耐心

在提供服务时，要以诚恳、专注的态度倾听顾客的陈述，给顾客充分的表达时间，尤其在介绍完相关知识

倾听的原则

后，要耐心地倾听顾客的意见和想法。

 **心理破译**

顾客通常不会将自己的想法多讲几遍，也不会反复地强调重点，有时候甚至还会自然不自然地隐藏起自己的真实需求，这就需要销售员在倾听时保持高度的耐心和细心。

通常，顾客所说的话都是有一定目的的，有时候，一些无关需求的话题，销售员也许会认为无关紧要，可对顾客来说却意义非凡。此时，如果销售员表现出厌烦或不专心，那么很可能会使顾客生气，甚至会影响其购买的欲望。

（2）关心

以关心的态度倾听，像是一块共鸣板，让顾客能够试探你的意见和情感，不要用自己的价值观去指责或评判顾客的想法，要与他们保持共同理解的态度。在顾客的谈话过程中，不要马上问出许多问题，因为不停地提问，会使顾客觉得在受"拷问"。让顾客畅所欲言，不论是称赞、抱怨、驳斥，还是警告、责难、辱骂，都要求销售员仔细倾听，并做出适当的反应，以表示关心和重视，具体要求如下图所示。

要求一	带着真正的兴趣倾听顾客在说什么
要求二	要理解顾客所说的话，不要漫不经心地听（左耳进、右耳出）
要求三	要学会用眼睛去"听"，始终保持与顾客眼睛接触，观察他的面部表情和声调变化
要求四	必要时，记录顾客所说的相关内容：它会帮助你更认真地听，并记住对方的话
要求五	对顾客的话适当予以回应：人们往往希望自己的话得到听者的共鸣，因此在听的同时，不时点头，适时插入一两句，这样会让顾客觉得不是在敷衍，而是在认真地听

以关心的态度倾听

（3）避免先入为主

一天中午，顾客走进一家餐厅，点了一份汤，过了一会儿，服务员给他端来了。服务员刚走开，顾客说："对不起，这汤我没法喝！"服务员没有多问，又重新给他上了一碗。顾客还是说："对不起，这汤我没法喝！"服务员无奈，只好喊来了经理。经理毕恭毕敬地说："先生您好，这汤是本店最拿手的，深受顾客好评，难道您……"顾客说："我是想说，没有勺子，我怎么喝？"

不要一开始就假设你知道顾客的意思而打断他的话，除非你想让他们离你而去。倾听顾客说话时，要保持耳朵"通畅"，闭上嘴，全心全意地倾听他们所讲的每一句话。

要通过顾客的谈话来鉴定他们最关心的话题，然后根据他们的需求提出合理化建议，只有这样，才能收到事半功倍的效果。否则，就会造成先入为主的观念，认为自己真正了解顾客的需求，而不认真去听。

听完顾客的话后，应征询顾客的意见，有重点地复述他们讲过的内容，以确认自己所理解的意思和顾客的意思是否一致。如："您的意思是……""我没听错的话，您需要……"

在还没有发现"什么对于顾客最重要"之前，销售员不要贸然提供信息，因为那无异于告诉顾客你不是在关心他们的需要或问题所在，并且该信息很快会被遗忘。只有让顾客完全感到你确实了解他们的需求后，你的信息才会被视为"无价之宝"。

心理破译

真正优秀的销售员，倾听顾客讲话时，不仅在听顾客所说的话，而且还能设身处地的理解顾客的感受，听取顾客的意见，协助顾客分析和解决问题。

5.3 倾听的步骤

对于销售员来说，善听才能善言。倾听可以获得顾客的友谊和信任，倾听能激发顾客的谈话欲，有助于了解顾客的真实需求。

销售员在销售过程中，可按下图所示的五个步骤做好有效倾听。

倾听的步骤

（1）做好准备

做好倾听的准备，包括下图所示的内容。

首先	要做好倾听顾客讲话的心理准备，要有耐心地倾听
其次	要做好业务和知识上的准备，对所进行的服务了如指掌
最后	要预先考虑到顾客可能会提什么问题，应如何回答，以免到时候无所适从

倾听的准备

（2）集中注意力

听人说话也是一门学问，在倾听顾客谈话时，应集中注意力，避免外界的干扰，安静、专心地倾听。不要心存偏见，只听自己想听的或是以自己的价值观来判断顾客的想法。

当顾客说话速度太快，或所讲内容与事实不符时，销售员也不能心不在焉，更不能流露出不耐烦的表情。一旦顾客发觉你并未专心地听他谈话，那么你将失去顾客的信任，从而也将导致销售的失败。

（3）适当发问，理出头绪

顾客在说话时，原则上销售员要有耐性，不管想听或不想听，都不要打断对方，同时为了表示对顾客谈话的注意，可以适时地发问，这比一味地点头称是或者面无表情地站在一边儿更为有效。

销售员应仔细思考顾客说过的每一句话，提出问题，以确定顾客该说的或想说的都已经说完。

心理破译

金牌销售员不怕承认自己无知，也不怕顾客发问，因为这样做既能使谈话更具体生动，又可帮助顾客理出头绪。

（4）从倾听中了解顾客需求

倾听能发现说服顾客的关键所在，销售员在与顾客沟通时，应用心地听，学会用三种"耳朵"来听顾客说话：听听他们说出来的，听听他们不想说出来的，听听他们想说又说不出来的。

顾客的内心常有意见、需要、问题、疑难等，他们不想把真正的想法告诉你，此时销售员就要找出话题，让顾客不停地说下去，这样不但可以避免因片段语言而产生误解，也可以从顾客的谈话内容、声调、表情、身体的动作中，观察、揣摩出其真正的需求。

（5）时时注意锻炼

销售员要掌握好倾听的艺术，就要时时注意锻炼，在日常工作和生活中认真地学习，把每一次与家人、朋友或服务对象的交谈，都当成是一次锻炼听力的机会。

不要因为事情无关紧要，就掉以轻心，要认真对待每一次谈话，养成倾听的习惯，这样才能更好地掌握倾听技巧。慢慢你会发现，你的倾听水平得到了很大的提高。

5.4 倾听的技巧

倾听是需要技巧的。好的倾听技巧应当是尽可能地多听，努力发现对方对某一问题的了解程度和看法；利用各种语言和非语言的方式表示你在认真听，如点头或简单应答；不急于表达自己的观点，不轻易对对方的话做出评论。具体如下图所示。

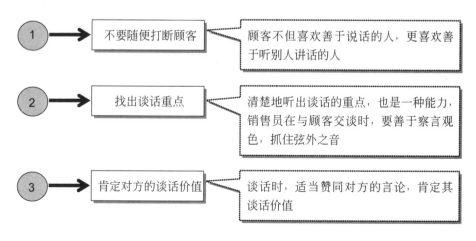

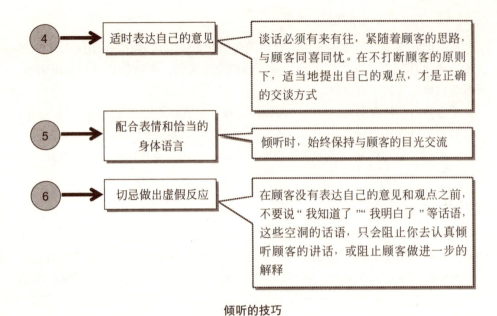

倾听的技巧

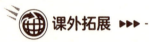 课外拓展 ▶▶▶

销售员如何学会倾听

销售员要学会倾听客户，从客户的角度而言，销售员听客户说得越多，越是能得到客户的喜欢。因为销售员的倾听对客户来说，不仅仅是一种礼貌，更是一种尊重。并且，销售员的倾听让客户有了倾诉和发泄不满的渠道。所以，销售员所要做的就是让客户没有压力地说出他的想法。

那么，在倾听的过程中，销售员到底应该着重听些什么呢？

1. 问题点

销售员是做什么的？有的人说是把产品卖给客户，有的说人是为客户提供解决方案，还有的人说是为客户服务，不论答案是什么，归根到底，销售之所以成功，是因为产品或服务可以帮助客户解决问题。在实际的销售对话中，客户的问题会出现很多种，真假难辨，无法预料。销售员的任务是听出客户真正的问题所在，而最核心、最令客户头疼的问题，客户自己是不会坦白的，这一点销售员应该清楚，所以要配合提问来引导。

2. 兴奋点

客户的购买行为一般有两个出发点：逃离痛苦和追求快乐。问题点就是让客户感到痛苦的"痛点"，兴奋点就是让客户感觉快乐的理由。做导购就是既让客户感觉痛苦，同时又让客户感觉快乐的过程。典型的导购流程通常是先让客户思考他所面临问题的严重性，然后再展望解决问题后的快乐感与满足感，而销售的产品正是解决难题、收获快乐的最佳载体与方案。听兴奋点，关键是听容易让客户感到敏感的条件和情绪性字眼，同时还要注意每个特定阶段的肢体语言配合。

3.情绪性字眼

当客户感觉到痛苦或兴奋时，通常在对话中要通过一些字、词表现出来，如"太好了""真棒""怎么可能""非常"不满意等，这些字眼都表现了客户的潜意识导向，表明了他们的深层看法，销售员在倾听时要格外注意。

一般而言，在成交的那一刻，客户做决定总是感性的。所以每当客户在对话中流露出有利于购买成交的信号时，要抓住机会，及时促成。另外，在销售沟通过程中，客户通常也会通过肢体语言来表达情绪。

常见的积极的身体语言有歪头、手脸接触、屈身前倾、手指尖塔形、拇指外突、双手抱在脑后；消极的身体语言有假装拈绒毛、拉扯衣领、缓慢眨眼、腿搭在椅子上、缓慢搓手掌。

客户在销售中总是习惯"言不由衷"，因此销售员要懂得通过无意识的肢体语言来把握客户的心理动态。

在倾听的过程中，销售员要分清主次，着重把握客户语言中的问题点、兴奋点、情绪性字眼，这样才能更好地了解客户的所思所想。

销售心理解析

◎ 求利心理 ◎

这是一种"少花钱多办事"的心理动机，其核心是"廉价"。有求利心理的顾客，在选购商品时，往往要对同类商品之间的价格差异进行仔细的比较，还喜欢选购折价或处理商品。具有这种心理动机的人，大多希望从购买的商品中得到较多的利益。

第六课 巧妙询问,探询顾客需求

情景导入

王老师："对于我们销售员来说，要了解顾客的需求，除了通过前面两节课中介绍的方法外，还可以通过向顾客提问，来探询顾客的需求。"

"大家可以回忆一下，在你们与顾客交流的过程中，你经常向顾客提问题吗？你是以什么样的方式来向顾客提问的？"王老师接着说。

小李："我是做家具导购的，在与顾客沟通时，我会经常问顾客一些问题，如'您家里是什么装修风格''您是搬新家还是添补家具''您的预算是多少'等之类的问题。"

小黎："我通常会询问我的顾客，对房子所在地段有什么要求、对房子的户型有什么要求、对楼层有什么要求等问题。"

……

王老师："大家说得非常好！在开始销售以前，了解客户的需求非常重要。只有了解了客户的需求后，你才可以根据需求的类别和大小判定眼前的客户是不是潜在客户。"

"通过问许多问题来发现客户的真正需求，并在询问过程中积极倾听，让客户尽量发表真实的想法。有些销售员一见到客户就滔滔不绝地说个不停，让客户完全失去了表达意见的机会，这种做法往往使客户感到厌烦。一旦客户厌烦，不用说，销售员的销售注定要失败。"王老师接着说。

小张："王老师，向客户提问，是不是有很技巧啊？"

王老师："不错，向客户提问，确实有很多技巧。这节课，我们就来讨论如何向客户提问。"

6.1 学会向顾客提问

据传在某国的一个教堂，有一天，一位教士在做礼拜时，忽然熬不住烟瘾，就去问神父："我祈祷时可以抽烟吗？"结果，遇到了神父的斥责。后来又有一位教士，同样在祈祷时犯了烟瘾，却换了一种口气问神父："我抽烟时可以祈祷吗？"神父莞尔一笑，答应了他的请求。

同样的情况，需要解决同样的问题，由于不同的问法，而得到不同的结果。

如果销售员善于提问的话，就可以使顾客在不知不觉中透露出很多信息。尽管顾客没有直接告诉销售员自己的需求，但是通过正确的提问，销售员就可以掌握或部分掌握顾客的想法。

顾客：你看我又来了！（这位顾客在上周来过，且比较喜欢这种产品。通过听顾客讲话可以知道，她是一位容易交往的人）

销售员：罗姐，很高兴又见到您！

顾客：我老公等一会儿过来，我先在这里等他一下。

销售员：来，请这边坐一下！罗姐这几天在忙着收拾新房子呢吧？

顾客：对啊，很忙的。

销售员：很快就要搬家了，如果今天看好了家具就定下来，是吗？

顾客：如果今天定不下来，过几天也要定，不能再拖了。

销售员：罗姐，您也看过我们的产品两次了，我真想知道您和您老公的看法？

顾客：说实话，我自己很喜欢你们的产品，我老公对你们的产品和另外一家的产品都比较喜欢，他还在考虑到底应该选哪家。

销售员：嗯，我的理解就是您和您老公两个人都比较满意我们的家具，是吧？（确认顾客的语言，是积极倾听的一种表现）

顾客：我们都喜欢这种，不过我老公对另一家也很感兴趣。

销售员：另一家是指哪一个品牌？我猜想，您老公会尊重您的选择。（试探他们夫妻一般由谁做主）

顾客：他喜欢那个叫××的品牌，不过如果我坚持的话，我老公会支持我的想法，但要看你们的价格是不是很适合。

销售员：很羡慕您有这么好的一个老公！

顾客：人家也这样说，我老公这人比较有魄力，这次说买房就买了！（因为老公刚刚买了新房，这位罗姐非常高兴）

销售员：哦，看您多幸福啊！您老公一定很体贴您！（这位顾客很有可能要求她老公选择这种产品，现在销售员应当与这位女士培养良好的感情，拉近双方的距离，因此，应继续谈论她感兴趣的话题：她的老公）

这位销售员说的每一句话，都是围绕着这位顾客的兴趣点进行的。她在谈话中充分运用到了确认顾客讲话、向顾客提问及赞美等技巧。

一般来说，向顾客提问可用两种方式：一种是开放式；另一种是封闭式。

6.1.1 开放式

开放式提问是指在广泛的领域内带出广泛答复的问句，通常无法采用"是"或"否"等简单的措辞做出答复。

比如：您觉得好的沙发应该具有哪些特点？

您买的计算机是给谁用的？
您家里是什么装修风格？
您需要多大功率的空调？
您喜欢什么颜色？
您需要多大容量的内存？
您打算什么时候要货？
您的预算是多少钱？
您从事什么职业？
您目前投保了哪些保险？
……

开放式问题询问的内容通常包括为"5W1H"，也就是What（什么事）、When（什么时候）、Where（什么地方）、Who（谁）、Why（为什么）和How（怎么办）。开放式提问可达成下图所示的效果。

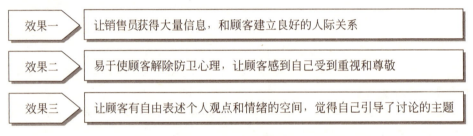

开放式提问达成的效果

开放式提问，是为引导对方能自由开口而选定的话题。这种提问方式具有下图所示的优缺点。

开放式提问的优缺点

开放式提问与封闭式提问的区别在于客户回答的范畴大小。采用开放式提问，客户回答的范畴较宽，一般是请客户谈想法、提建议、找问题等，目的是展开话题。开放式提问有下图所示的几种情况。

情况一 商量式问句

和对方商量问题的句式。这类问句，一般和对方切身利益有关，属于征询对方意见的发问形式。如："您看，我给您介绍了这款净水器的主要优势，您还需要再考虑吗？"

情况二 探索式问句

针对对方答复内容，继续进行引申的一种问句。不但可以发掘比较充分的信息，而且可以显示出发问者对对方所谈问题的兴趣和重视。如："您刚才说穿过××的羽绒服，感觉质量不好，能不能说一下哪些方面不好？"

情况三 启发式问句

启发对方谈看法和意见的问句，以便吸收新的意见和建议。如："给孩子房间买玩具，主要考虑是的安全和环保，您觉着呢？"

开放式提问的情况

6.1.2 封闭式

封闭式问题指事先设计好的备选答案，受访者对问题的回答被限制在被选答案中，即他们主要是从备选答案中挑选自己认同的答案。其答案通常是"是"或"否"，或者是在问题限定的范围内作答。

比如，您今天想了解油烟机还是灶具？

您是自用还是送人？

您是给孩子买，还是给老人买？

您喜欢白色还是红色？

您家里装修风格是中式还是欧式？

您喜欢酸的还是甜的？

您是打算现在买还是先看看？

您的预算是1万元以上还是1万元以下？

……

封闭式问题是把需求确定到某一点上和确认、澄清事实的最佳途径。当销售员需要获得具体或是特定的信息，或者需要控制讨论问题的方向时一般就可以使用这种问题。它是弄清问题和确认事实的最佳方法，具有下图所示的优缺点。

优点	可以使发问者得到特定的资料或信息,而答复这类问题也不必花多少工夫去思考
缺点	此类问句含有相当程度的威胁性,往往会引起客户不舒服的感觉。所以在语言的运用上不宜过于尖锐,多用中性词语

封闭式提问的优缺点

封闭式提问,客户回答的范畴比较窄,答案比较明确、简单,一般是为了缩小话题范畴,收集比较明确的需求信息等。常用的词汇有:"能不能""对吗""是不是""会不会""多久"等。封闭式提问可分为下图所示的几种情况。

情况一　选择式问句

即给对方提出几种情况让对方从中选择的问句。这种问句都是提供两个以上的条件,供对方任意选择,对方只是在特定范围内选择,没有超出范围的选择余地。如:"您喜欢时尚一点儿的还是简洁一点儿的?"

情况二　澄清式问句

即针对对方答复重新让其证实或补充的一种问句。这种问句的目的在于让对方对自己说的话进一步明朗态度。如:"您刚才说过您喜欢功能多些的烤箱,这款不正是很适合您吗?"

情况三　暗示式问句

这种问句本身已强烈地暗示出预期的答案,无非是销售中督促对方表态而已。如:"买车买的是产品本身,而不是赠品,您说是吗?"

情况四　参照式问句

把第三者意见作为参照提出的问句。如果第三者是对方熟悉的人,对顾客会产生重大的影响,顾客就可能会同意。如:"最近××大酒店在我们店订购了150套床上用品,就是您看的这款,您觉着怎么样?"

封闭式提问的情况

销售过程中,不但要介绍产品的优势,同时更重要的是要"问"出顾客真正的需求,才好"对症下药",成功销售产品。

提问问题时,应该由广泛的问题逐步缩小到特定的问题,避免含糊不清的措辞,避免使用威胁性、教训性、讽刺性的语句,避免盘问式或审问式的语句。

6.2 向顾客提问的原则

销售就是发问,销售员在销售的过程中,如何向顾客发问?在和顾客的沟通中,如何发问?这就需要销售员掌握一定的提问技巧,遵循一定的原则。

(1) 问简单的问题

在销售的前期,问话的目的是探询顾客的需求,了解了顾客的需求,才能展开对顾客进行产品推荐和说服。

张先生需要为儿子买一台计算机,于是走进了一家计算机商城。

销售员:"先生,是要配计算机吗!"

张先生:"是啊。"

销售员:"您配计算机是自己用还是孩子用啊?"

张先生:"我儿子要上小学了,想给他配一台计算机。"

销售员:"噢,您是买计算机给孩子啊,那我给您推荐一下。您看孩子不但学习要上网查资料,偶尔放松一下还要玩玩游戏,是不是呢?"

张先生:"说得不错,孩子也需要放松,玩玩游戏肯定也是有的。"

销售员:"是的,这单纯地上网查资料,一般的配置都能满足,但是若是玩游戏呢,对显卡、内存等硬件的配置就相对要高点儿,这样玩起来才流畅。您看这样,显卡给您配……"

销售员边说边领着张先生来到一台样机前,打开计算机让张先生试了试,张先生觉得不错,价格也合理,就立即开票买单了。

故事中的销售员,就是问到了"给孩子配计算机"这个重要需求点后,再展开针对性、有说服力的介绍,最终成交。

想要顾客说出自己的需求,就需要问出一些简单的问题,不问那些敏感、复杂的问题。这样也便于回答、利于拉进和顾客的距离。

(2)问YES(是)的问题

在和顾客沟通的过程中,销售员可以问些YES的问题。YES的问题,顾客会觉得你提出的问题是为他着想,利于沟通,很快便拉近距离,取得信任。

比如:"如果不合适,买了用不了几次,反而是浪费,您说是吧?"

"买的家电,要根据您的实际需要来选,您说是吧?"

"买家电质量非常重要,您说是吧?"

"买品牌的家电,售后服务比较放心,您说是吧?"

"价格虽然重要,但家电更要注重安全,买高档家电,多投资点儿也是值得的!您说是吗?"

(3)问"二选一"的问题

在顾客对商品产生了浓厚的兴趣,而有可能购买的情况下,销售员最好是问一些二选一的问题。忌讳的就是节外生枝,又给顾客另外推荐,商品看多了,顾客看花了眼,更无法下定决心。

比如:"您是选择布艺的还是皮质的?"

"您客厅的电视是要52英寸的还是46英寸的?"

(4)不连续发问

连续发问就是"查问口",很快就会引起顾客的反感,原则上不连续发问超过两个问题,问了问题等顾客回答,根据顾客的回答,再来做针对性的推荐和应对。

6.3 向顾客提什么样的问题

在销售过程中,最具价值的一项技能就是如何了解顾客的需求,以及如何针对顾客的疑虑对我们的产品进行解说。事实上这项技术已经被很多销售员所使用并验证成功,这就是如何提问题,向顾客提什么样的问题。一般来说,作为销售员,可向顾客提以下四类问题。

（1）问对我们有利的问题

销售员总是希望说服顾客按照我们的意愿做事，但顾客却不一定会配合，除非你能让顾客心甘情愿这么做。怎样令顾客心甘情愿地做一件我们希望他做的事情呢？提问就可以达到这样的目的。

刚开始就设计好一个答案显而易见但对我们有利的问题，然后让顾客回答这个问题。这样的说服效果会好很多，因为人们有保持一致的心理特征。这个答案是顾客自己说的，怎么好立即推翻自己的说法呢？我们顺势引导顾客做我们希望做的事情。

比如：

买东西除了价格以外，质量也很重要，您说是吗？

真正的好产品一定比质量差一些的产品贵一些，您说对吗？

给父母买东西，就是多花些钱也很值得，您说对吗？

（2）问便于顾客回答的问题

在一个品牌皮鞋店里，顾客刚进门，有个销售员就热情地冲上来迎接，问道："先生，欢迎光临！先生，买皮鞋是吗？"顾客没有回答继续往里走，销售员跟在顾客后面追问："先生，您想买什么价位的皮鞋？"顾客依然没有说话，逛了一圈，在一款大头鞋处停下。"先生，您穿多大的码呀？"顾客随便看了看就离开了。

这个销售员的问题就在于一开始就问了一些顾客不便于回答的问题，并且紧接着又问了一些过于复杂的问题，让顾客无所适从。

从该案例可以清楚地看出，如果一开始接待顾客的时候问不好问题，顾客一旦形成了不想回答的思维定势后，接下来要打破僵局将非常困难。

那我们应该怎么问呢？一般来说，应该问顾客简单、好回答的问题。

比如：

您是自己用，还是送人呀？

您喜欢休闲一点儿的，还是正式一点儿的？

您平常喜欢穿深色的裤子，还是浅色的？

您买皮鞋是更看重外观款式呢？还是看重质量功能？

（3）问压力不太大的问题

为什么有些销售员接待顾客时经常被冷落或拒绝呢？通过大量的观察和分析，发现最普遍的原因是因为这些销售员使用了过多的、压力过大的提问。

一般来说，顾客对比较敏感或者压力过大的问题会抱有戒备心理，他们大多会以拒绝或者消极的、对导购不利的方式来"回答"。

所以，销售员在接待顾客时以"了解或看一看"代替"喜欢、买不买、要不要"等词汇，因为这些都属于压力过大的词语。销售员在与顾客的沟通中，尤其是在沟通前期，应尽量少用压力过大的问题，以免一开始就将对话的大门关上。

比如接待顾客时不宜问顾客："小姐，买鞋吗？""您喜欢这款鞋吗？""要不要我给您介绍一下？""需要我给您服务吗？"等这样的问题。

（4）顾客回应后，立即附加提问

顾客不断提问、销售员不断回答，这样只会让销售员陷入被动境地。如果要变被动回答为主动引导，就应该在回答顾客的问题后立即附加提问，这样就可以掌握主动，引导顾客思维。

比如，顾客说"你们的价格比隔壁贵"，当我们给顾客做完质量、服务等方面的解释后，应立即加上一个提问："您觉得价格和质量哪个更重要呢？""除了价格外，您觉得质量重要吗？"或者"您今天想了解什么样的产品呢？"等。这样就可以很快将顾客的注意力由价格转移到质量、产品特点等其他方面去，从而引导顾客往前推进。

6.4　询问要有耐心

并不是所有的顾客都有明确的目标，有时销售员也许要反复地询问，才能发现或是让顾客自己发现到底想买的是什么。所以，在探询顾客的需求时耐心是非常重要的。

销售员在向顾客提问时要记住：用循序渐进的问话方式可以引导顾客发现他们的需求。在问话的过程中，销售员也能和顾客逐渐建立信任关系。

销售员：您喜欢什么样颜色的呢？

顾客：我也说不清楚。

销售员：这款沙发有米色、有灰色、有大红色，也有纯白色，您比较喜欢哪一种颜色呢？

顾客：我好像比较喜欢浅一点儿的颜色。

销售员：那您可以告诉我您家里的装修风格吗？

顾客：我家是欧式装修风格。

销售员：如果是欧式装修风格，建议您选择……

顾客：那太好了，我也觉得这个颜色好。

由此可见，只要销售员耐心地循序渐进地再多问几个问题，就能找到顾客的真正所需，从而更好地为顾客服务，让顾客满意。

6.5 跨越提问的雷区

销售员在探询顾客需求时，也要注意提问的艺术，有些问题是根本不该问的，有些问题是不能直接问的。这些不该问的、不能直接问的问题就是"问题雷区"。请千万注意，不要"踩"到下图所示的几个雷区，否则将会失去顾客。

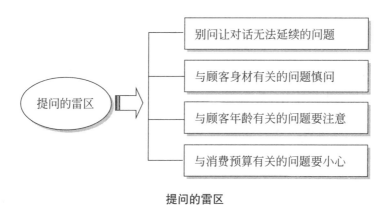

提问的雷区

（1）别问让对话无法延续的问题

前面提到的封闭式问题有一个最大的缺点，就是很容易把话说"死"，把对话变成"死话"。

比如，销售员问顾客："您喜欢红色还是绿色？"如果顾客两个都不喜欢的话，那他该怎么回答？如果心情好，他也许会告诉你，他都不喜欢；如果心情不好，他会扭头就走。

心理破译

销售员在问话时一定要注意多说"活话"，少问死话，即最好多用开放式的问题，如果要用封闭式问题也要注意技巧，这样才能使对话一直延续下去。

（2）与顾客身材有关的问题慎问

有时顾客太胖，或者有其他的特殊之处，销售员在发问时千万不能问与身材有关的问题。

一天，王太太和先生来到一家服装专卖店买衣服。销售员小艳热情上前接待了他们。小艳看到王太太长得比较胖，于是推荐几件较适合胖人穿的衣服给她，但是王太太都不喜欢。王太太自己挑了一会儿，看中了一件印花的连衣裙。她把衣服穿在身上，对着镜子一照，感觉非常满意。她很开心地说："老公，这条裙子的印花好漂亮，我好喜欢啊。"先生点点头："你喜欢就买吧。"一旁的小艳忍不住说："太太，这种花型是很漂亮，不过比较适合瘦一点儿的人穿。你的腰围有多少呢？"

王太太一听，脸一沉，一言不发地走进更衣室把衣服换了，拉着先生就走。小艳在一旁，愣了半天也不知道发生了什么事。

该销售员的错误就在于问了不该问的问题，王太太身材比较胖，她自然很忌讳这一点，但是该销售员还自作聪明地问王太太的腰围，这种情况销售员应采取"我可以帮您量一下尺寸吗？"的方式来找到自己需要的答案。

（3）与顾客年龄有关的问题要注意

有些顾客挑选的商品并不适合自己的年龄，销售员出于好心，会提醒他这样的商品不适合他的年龄，结果有时好心反而办坏事，惹得顾客不愉快。特别是对女性顾客，更要注意这一点。

星期天，某化妆品专柜来了一位约五十多岁的女士，销售员小马赶紧迎了上去。该女士在眼影柜前左挑右选，后来看中了一款嫩绿色的眼影，有意买下。小马犹豫了一下，还是忍不住对顾客说："阿姨，这种颜色比较适合年轻的女孩子用，您是自己用吗？"那位女士停顿了两秒钟，放下眼影丢下一句"不买了"，扭头走了。

（4）与消费预算有关的问题要小心

一些情况下，销售员总想了解顾客购物的预算，以免自己向顾客展示了价格高于其预算的商品，浪费彼此的时间。可是，如果直接问与预算有关的问题，比如"您想买什么价位的衣服呢？"会让顾客觉得你在怀疑他的经济实力。这样的话不但不能探寻到顾客的需求，严重时还会使顾客直接中断购买货品的欲望。因此，这也是销售员要小心和谨慎的问题。

课外拓展 ▶▶▶

销售员应养成提问的意识

有时候，当我们热情接待进店的顾客并为其介绍产品款式、功能、价格和售后服务等，觉得自己该说的也都说完了，可顾客就是一言不发。对于这种情况，那些优秀的销售员总是善于通过提问来了解顾客的消费需求。因为他们知道，问对了问题才可以了解顾客的需求和想法，启发顾客的观念，最终改变顾客的购买行为。

其实，顾客之所以没兴趣与我们说话，是因为我们经常说顾客不感兴趣的话；我们之所以说顾客不感兴趣的话，是因为我们很少倾听顾客的想法；我们之所以很少倾听顾客的想法，是因为顾客根本没有说出他的想法。顾客为什么不愿说出自己的想法呢？因为我们很少提问或提了一些错误的问题。

事实上，一般的销售员总习惯说，却忘记了问。不是他们不喜欢问，而是根本不知道应该如何问，结果，他们是说高兴了，但顾客却不买了。而优秀的销售员，他们都有一个共同的特点，那就是他们都能熟练地驾驭提问技巧，因为他们明白提问可以引发顾客出现以下四个方面的"反应"。

1. 引起注意，激发兴趣

顾客进店后，如果销售员或产品无法引发其注意，他们经常会说"随便看看"之类的话，生意自然就很难继续。那如何引起顾客的注意呢？答案是——提问！因为提问可以迫使顾客思考问题并做出回答，否则顾客会有一种压迫感。

比如："先生，您是第一次来我们店吗？""先生，您以前有听说过我们这个牌子吗？"等。

2. 顾客参与，沟通互动

有效的顾客沟通应建立在互动的基础之上，只有让顾客参与其中，才能维持顾客的注意力和兴趣。提问是维持顾客与导购一起互动的原动力。可很多导购喜欢让顾客做听众，自己来唱"独角戏"。研究表明，顾客连续听20秒钟就会变得烦躁不安。因此，在与顾客沟通时，设计适当的提问就变得非常重要。

比如："您觉得呢？""您是否也这么认为呢？""我可以这么理解吗？"等。

3. 启发观念，自我说服

顾客观念不改变，购买行为也就很难有变化。而改变顾客的观念并非易事，因为大家都是成年人了，一味说教的效果如何，相信你自己也清楚。很多时候我们口说干了、话也说尽了，可顾客还是不听。

所以销售员一定要跳出过分依赖说教的误区，学会用提问去启发顾客的观念，从而起到令顾客自我说服的作用。

比如："先生，买东西质量也很重要，您说是吗？""先生，您觉得买东西除了价格外，服务重要吗？"等。

4. 探寻需求，确认信息

如果没有听好顾客的话，就无法说顾客爱听的话；如果不了解顾客需求，就无法为顾客推荐正确的产品。所以，提问比说话重要，因为提问可以帮助我们更好地了解顾客的需求。事实证明，导购在前期对顾客的需求信息了解得越多，那么后期的沟通效果就越好，使顾客成交所花时间也将越短。

比如："您主要在什么场合下使用？""您平时脚底出汗不？"等。

销售心理解析

◎求名心理◎

求名心理是指相当多的客户在购买产品时，喜欢选择自己所熟悉的产品，而在熟悉的产品中，又特别喜欢购买名牌产品。在这类客户眼中，名牌代表标准，代表高质量，代表较高的价格，也代表客户的身份和社会地位。

第七课 介绍产品，引发顾客兴趣

> **情景导入**
>
> 王老师："当你探询到了顾客的消费需求,而顾客也需要对产品进一步了解的时候,一定要在最短的时间内出现在顾客面前,给顾客介绍产品,对顾客说他们想听的话,而不是说自己想说的话,要让顾客买得放心,买得舒心。"
>
> "那你们觉得如何介绍产品,才能引起顾客的兴趣呢?"王老师问道。
>
> 小李:"我认为首先要把产品的卖点提炼出来,以此来吸引顾客的注意。"
>
> 小杨:"我认为在给顾客介绍产品时,要有精彩的开场白,这样也能激起顾客的兴趣。"
>
> 小许:"我觉得,销售员需要主动激活顾客的兴趣点,而不是坐等他们对门店的产品产生关注。因为只有创造出更多的兴趣点,才能有效吸引顾客,有更多的顾客愿意主动走进我们的门店。"
>
> 小张:"我觉得如果顾客时间充裕,可以给他做个示范,让他亲身感受一下,从而引发他的兴趣。"
>
> ……
>
> 王老师:"大家说得非常好!当顾客开始注意到你的产品时,下一步要做的就是紧紧抓住顾客,让他们产生兴趣,强化兴趣,为进一步刺激其购买欲打下基础。引起顾客兴趣,是整个推销过程的重要一环,我们销售员应在此环节上动脑筋,下功夫。"
>
> "下面,我们就从提炼产品的卖点、设计精彩的开场白、找到顾客的兴趣点、做精彩的示范这几个方面来讲讲如何引发顾客的兴趣。"

7.1 提炼产品的卖点

销镶员向顾客介绍产品的时间是有限的,如果在短时间内无法让顾客对产品产生兴趣,就可能无法实现销售。因此,销售员必须为产品提炼出独特的卖点,以此吸引顾客的注意。产品的独特卖点是本商品有别于其他商品的独特优势,而且这种优势必须要能够带给顾客很好的使用价值。

7.1.1 提炼卖点的步骤

销售员在日常的销售过程中可以通过如下图所示的流程，总结并提炼出产品独特的卖点，将其整理成介绍产品时的常用语，进行反复练习并不断改进和提高。

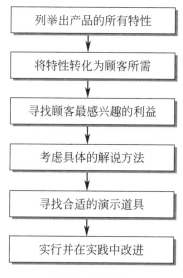

提炼卖点的步骤

7.1.2 提炼卖点的途径

每一家企业都会有几十款产品，每一款产品都有自己的独特点，但在卖场基本不可能同时展示，能展示出来的都是比较有特色的产品，也是销量排名前几位的产品。既然销量好，有特色，那就足以说明这些产品有着与众不同的差异化。这些差异化就是产品的卖点。

销售员可以从下图所示的途径去提炼产品的卖点。

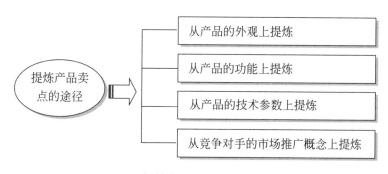

提炼产品卖点的途径

（1）从产品的外观上提炼

从产品的外观上提炼卖点，主要是从产品外观的设计风格、形状、款式、色调和材质等方面入手，提炼产品的独特卖点。

（2）从产品的功能上提炼

产品的功能是顾客购买产品的重要原因。提炼产品的功能卖点时，应该注意"同中求异"与"异中求同"的原则。具体要求如下图所示。

对于销售的主力产品或利润产品，在提炼功能卖点上主要侧重"异"字，使自己产品的功能卖点别具一格	原则一	对于作为进攻或干扰竞争对手销售的产品，在卖点提炼时则侧重"异中求同"，从而使提炼出的功能卖点能起到干扰竞争对手销售的作用
	原则二	

产品功能卖点的提炼原则

（3）从产品的技术参数上提炼

独有的技术参数是产品的亮点，对技术参数的提炼要注意把技术参数与顾客的心理利益点结合起来，讲解时用语要通俗易懂，富有引导力，能让顾客产生共鸣。

（4）从竞争对手的市场推广概念上提炼

当各品牌的产品在功能设置、技术参数指标、产品性能、外观包装、市场推广手段等严重同质化时，顾客在终端选购产品时会显得迷茫，不知所措。此时产品卖点的提炼，主要表现在对品牌、产品定位、顾客消费的心理诉求上进行综合性的概念提炼。

心理破译

为使产品的卖点能吸引顾客，与竞争品牌进行概念区别，销售员应该大量搜集竞争对手市场推广的新概念、新手段，进行系统分析，结合自己的产品特性进行卖点提炼。

7.1.3 提炼卖点注意问题

产品就像人一样，都有着自己的性格，作为销售员需要做的就是将顾客感兴趣产品或自己主力推荐产品的特性呈现给顾客，让顾客更深层次地去了解产品，最终接受产品，这样才能将产品进行升华，否则就只能沦为"买材料"，这样卖产品既难卖，又卖不出价值。因此，销售员在提炼产品卖点时应注意下图所示的问题。

问题一　卖点要真实

产品卖点的提炼不能凭空捏造，而应以产品的外观、参数、性能、功能等为提炼平台，综合各品牌的产品卖点，从中寻找自身独有的市场亮点

问题二　卖点要有主次

在提炼卖点时，切忌将各种卖点不分主次地进行提炼，而应从众多的卖点中，提取那些能对消费心理起强有力的引导作用的卖点，主要卖点不能超过三个

问题三　卖点要简明，通俗易懂

复杂烦琐的卖点介绍会让顾客心生厌烦，而过于专业化的术语会让顾客望而却步。简洁通俗的语言应该贯穿卖点提炼的始终，对于专业术语或概念，销售员可以借助形象生动的比喻来说明

提炼卖点应注意的问题

7.1.4　常见的产品卖点

根据顾客对产品主要需求的不同，产品卖点可以分为以下六种，具体内容如下图所示。

卖点一　卓越的品质

产品质量是顾客最关心的问题，因此卓越的品质是最具有说服力的卖点，如"划不出伤痕"的亮光漆、高密度的板材等

卖点二　显著的功效

产品的功效也是顾客关心的问题，如果产品既有稳定的品质，又有显著的功效，那么就很容易得到顾客的认可，如家具底部设置 ABS 脚垫或软垫，防止搬移时伤及地板，起到缓冲及消噪声作用

卖点三　著名的品牌

著名的品牌能够给顾客带来更多的附加价值，并使顾客产生一种心理上的满足感或荣誉感，如××品牌是中国著名品牌、国家免检产品，荣获消费者信得过产品奖等

卖点四　优越的性价比

性价比就是性能与价格之比。顾客都愿意花最少的钱，买到最好的东西，因此性价比高的商品自然容易受到顾客的青睐

卖点五　产品的特殊利益

产品的特殊利益是指产品能满足顾客本身特殊要求的产品特性。追求个性化是现在很多人的普遍心理，因而产品的特殊利益也能够吸引一些顾客，如衣柜拉手高度高于1.1米，有效降低儿童碰撞发生的危险及意外

卖点六　完善的售后服务

随着人们消费观念的日趋理性化，售后服务已经变成商品的一部分，售后服务将直接影响到消费者的购买行为，如提供免费维修、定期保养、使用咨询等售后服务

常见产品卖点及其内容

7.2　设计精彩的开场白

开场白指的是在与客户开始交谈的30秒到1分钟左右的时间内，销售员对目标客户所讲的话，差不多就是前几句话。衡量一套开场白是否极具吸引力，就是看其能否激起顾客的兴趣，使顾客能听销售员继续讲下去，同时又可避开顾客条件反射的反感心理。

街道边的公交车站牌前，一位卖报人走过来对着等车的人高喊："卖报！卖报！一块钱一份！"与此同时，另一位卖报人也走了过来，也对着等车的人高喊："卖报！卖报！本·拉登发表新讲话，称将发动大规模恐怖袭击！中国足球再

遭惨败,主教练面临下课危机!最新台风明天登陆本省,中心风力可达12级!"

对比一下,两位卖同样报纸的卖报人,最终的结果会有什么样的差别?很显然,后面那位卖报人的开场白极具吸引力,他通过极具诱惑力的语言,成功地吊起了等车人的胃口,激发了他们的兴趣,自然会比前一位卖报人获得较好的销售业绩。

精彩的开场白是成功的一半,极具吸引力的开场白才会恰到好处。很多销售员往往在接待客户时不知道如何开场,并且开场白不具任何吸引力,因此只能眼睁睁地看着顾客离开。可见,极具吸引力的开场白非常重要。那么如何设计极具吸引力的开场白呢?那就必须掌握一些技巧和话术。

(1)新品、新货、新款开场白的话术

在各行各业中,购买商品的顾客越来越看中商品的款式,是否是最新的、最流行的。作为家具行业,一般最新款的产品便会成为家具门店销售中最大的卖点之一。

对于店内的新品、新货、新款,销售员可参考下表所示的话术技巧。

新品、新货、新款开场白的技巧

序号	话术	目的
1	"先生/小姐,这是刚到的最新款,我来给您介绍……"	开门见山
2	"先生/小姐,这款是我们刚上的新货,款式优雅、与众不同,请试一下,看是否合适!"	引导客户体验
3	"先生/小姐,这款是今年最流行的板式家具,摆放在客厅里显得非常大气……"	突出新款的特点
4	"先生/小姐,您眼光真好,这款茶具是最新推出的陶瓷家具,非常适合您这样的高端人士,您不妨感受一下"	直接讲出产品的款式
5	"这款相机是应用前沿科技研发的,是专为拍照防抖、动作连拍而设计的"	引起顾客的兴趣

(2)促销开场白的话术

门店开展的促销活动,不仅要让顾客看到,还要让顾客听到,促销活动入耳才能让顾客动心。

许多顾客并不是看重品牌,他们对促销更感兴趣,面对这类顾客的时候,销售员在见到顾客时,要马上把店里正在开展的促销活动信息告诉顾客,顾客会觉得有便宜占,马上会引起兴趣。这时,销售员可参考下表所示的话术技巧。

促销开场白的技巧

序号	话术	目的
1	"哇!小姐,我们店里正好在做促销,现在买是最划算的时候!"	突出重音,引起兴趣
2	"您好,欢迎光临××品牌,现在全场货品8.8折,凡购满1000元即可送……"	指明活动范围
3	"您好,先生,您运气真好,现在正在做买车送油卡的活动"	直接点明礼品
4	"您好,先生,您真是太幸运了,现在优惠大酬宾,全场5折"	突出折扣的幅度
5	"您好,小姐,今天是我们店庆活动的最后一天,到了明天,就恢复原价了"	告之机会的重要性

(3)唯一性开场白的话术

物以稀为贵,对于顾客喜欢的产品,都要表达出机会难得的效果,促使顾客立即下定决心购买。面对这种情况,销售员可参考下表所示的话术技巧。

唯一性开场白的技巧

序号	话术	目的
1	"我们促销的时间只有这2天,过了就没有优惠了,所以现在买是最划算的时候……不然您得多花好几十元甚至上百元,那些钱拿来多买个包包或者配饰多好……"	制造促销时间的唯一性,机会难得
2	"女士,我们的这款家具是法国设计师设计的最新款式,为了保证款式的唯一性,这是国内限量生产、限量发售的款式,在我们店这个款式已经不多了……"	制造货品款式的唯一性,机会难得

(4)制造热销开场白的话术

当客人表现出对某款家具重点关注时,我们应该趁热打铁,渲染热销的气氛。这时,销售员可参考下表所示的话术技巧。

制造热销开场白的技巧

序号	话术	目的
1	"这款系列产品迄今在全世界的销量已逾8000套,其中您看的这款突破2000个"	用数据引起顾客注意
2	"这款T恤一上市就卖得特别好,已经销售5万多件了,成为单品销售量冠军,现在库存已经不多了!我正准备自己也买一件呢"	直接说明产品好卖
3	"这是我们品牌今年上市的最新款,在其他店里,已经没货了,我们店就剩最后几套了……"	用库存不多突出畅销

（5）突出功能卖点开场白的话术

在商品竞争同质化的今天，商品在设计、功能上的差异性是最具竞争力的卖点，这种卖点的独特性，可以成为好的开场介绍方法之一。这时，销售员可参考下表所示的话术技巧。

突出功能卖点开场白的技巧

序号	话术	目的
1	"您看，这双鞋不仅穿上舒服，主要是它的鞋底具有防滑功能，在雨天穿着也不怕摔跤……"	突出产品的功能
2	"这款积木的表面经过倒角处理，个个都圆滑，无尖锐突出部分，确保孩子接触时最大的舒适感"	突出产品设计的人性化
3	"这款防晒衣采用的聚酯纤维材质，不仅能够防紫外线，还能将汗水迅速导至织物表面，并很快干燥"	突出材质的特色
4	"这款跑步机是通过国际级产品性能测试的，包括稳定性测试、疲劳测试、冲击测试等"	突出产品的安全性

（6）赞美顾客开场白的话术

每个人都有希望别人赞美的心理，而且对得体的赞美是很容易注意的。因此，适当地赞美顾客是唤起客户注意的有效方法。

比如：

"您的发质可真好！"

"您穿这条裙子，真显身材啊！"

"您这西装面料看上去很不错！"

"您的小宝宝好可爱哟！"

……

赞美的内容有很多，如外表、衣着、气质、谈吐、工作、地位、能力、性格、品位等。只要恰到好处，对方的任何方面都可以成为赞美的内容。

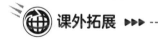 课外拓展 ▶▶▶

吸引顾客的开场白

销售员与准顾客交谈之前，需要适当的开场白。开场白的好坏，几乎可以决定这一次访问的成败，换言之，好的开场，就是销售员成功的一半。好的销售员常用以下几种创造性的开场白。

1. 金钱

很多人都对钱感兴趣，省钱和赚钱的方法很容易引起客户的兴趣。

如:"张经理,我是来告诉您贵公司节省一半电费的方法。"

"王厂长,我们的机器比您目前的机器速度快、耗电少、更精确,能降低您的生产成本。"

"陈厂长,您愿意每年在毛巾生产上节约5万元吗?"

2. 真诚的赞美

很多人都喜欢听到好听的话,客户也不例外。因此,赞美就成为接近顾客的好方法。

赞美准顾客必须要找出别人可能忽略的特点,而让准顾客知道你的话是真诚的。赞美的话若不真诚,就成为"拍马屁",这样效果当然不会好。

赞美比"拍马屁"难,它要先经过思索,不但要有诚意,而且要选定既定的目标与诚意。

"王总,您这房子真漂亮。"这句话听起来像"拍马屁"。"王总,您这房子的大厅设计得真别致。"这句话就是赞美了。

下面是两个赞美客户的开场白实例。

"林经理,我听××服装厂的张总说,跟您做生意最痛快不过了。他夸赞您是一位热心爽快的人。"

"恭喜您啊,李总,我刚在报纸上看到您的消息,祝贺您当选十大杰出企业家。"

3. 利用好奇心

现代心理学表明,好奇是人类行为的基本动机之一。那些顾客不熟悉、不了解、不知道或与众不同的东西,往往会引起人们的注意,销售员可以利用好奇心来引起顾客的注意。

一位销售员对顾客说:"老李,您知道世界上最懒的东西是什么吗?"顾客感到迷惑,但也很好奇。这位销售员继续说,"就是您藏起来不用的钱。它们本来可以购买我们的空调,让您度过一个凉爽的夏天。"

某地毯销售员对顾客说:"每天只花一角六分钱就可以使您的卧室铺上地毯。"顾客对此感到惊奇,销售员接着讲道:"您卧室12平方米,我厂地毯价格每平方米为24.8元,这样需297.6元。我厂地毯可铺用5年,每年365天,这样平均每天的花费只有一角六分钱。"

销售员制造神秘气氛,引起对方的好奇,然后,在解答疑问时,很有技巧地把产品介绍给顾客。

4. 提及有影响的第三人

告诉顾客,是第三者(顾客的亲友)要你来找他的。这是一种迂回战术,因为大多数人都有"不看僧面看佛面"的心理,所以,大多数人对亲友介绍来的销售员都很客气。如:"何先生,您的好友张先生要我来找您,他认为您可能对我们的印刷机械感兴趣,因为这些产品为他的公司带来很多好处与方便。"

打着别人的旗号来推介自己的方法,虽然很管用,但要注意,一定要确有其人其事,绝不能自己杜撰,要不然,顾客一旦查对起来,就要露出马脚了。

为了取信顾客,若能出示引荐人的名片或介绍信,效果更佳。

5. 以著名的公司或人为例

人们的购买行为常常受到其他人的影响,销售员若能把握顾客的这层心理,好好地利用,一定会收到很好的效果。

"李厂长,××公司的张总采纳了我们的建议后,公司的营业状况大有起色。"

以著名的公司或人为例,可以壮自己的声势,特别是,如果您举的例子,正好是顾客所敬仰或性质相同的企业时,效果就更会显著。

6. 提出问题

销售员直接向顾客提出问题,利用所提的问题来引起顾客的注意和兴趣。如:"张厂长,您认为影响贵厂产品质量的主要因素是什么?"产品质量自然是厂长最关心的问题之一,销售员这么一问,无疑将引导对方逐步进入面谈。

在运用这种技巧时应注意,销售员所提问题,应是对方最关心的问题。

7. 向顾客提供信息

销售员向顾客提供一些对顾客有帮助的信息,如市场行情、新技术、新产品知识等,会引起顾客的注意。这就要求销售员能站在顾客的立场上,为顾客着想,尽量阅读报纸,掌握市场动态,充实自己的知识,把自己训练成为这一行业的专家。顾客或许对销售员应付了事,可是对专家则是非常尊重的。如你对顾客说:"我在某某刊物上看到一项新的技术发明,觉得对贵厂很有用。"

销售员为顾客提供了信息,关心了顾客的利益,也获得了顾客的尊敬与好感。

8. 利用产品

销售员利用所推销的产品来引起顾客的注意和兴趣。这种方法的最大特点就是让产品代替自我介绍,用产品的魅力来吸引顾客。

河南省某乡镇企业厂长,把该厂生产的设计新颖、做工考究的皮鞋放到郑州××商厦经理办公桌上时,经理不禁眼睛一亮,问:"哪里生产的?多少钱一双?"广州某表壳厂的销售员到上海某厂去推销,他们准备了一个产品箱,里面放上制作精美、琳琅满目的新产品,进门后不说太多的话,把箱子打开,一下子就吸引住了顾客。

9. 向顾客求教

销售员利用向顾客请教问题的方法来引起顾客注意。

有些人好为人师,总喜欢指导、教育别人,或显示自己。销售员有意找一些不懂的问题,或懂装不懂地向顾客请教。一般顾客是不会拒绝虚心讨教的销售员的。如:"王总,在计算机方面您可是专家。这是我公司研制的新型计算机,请您指导,在设计方面还存在什么问题?"受到这番抬举,对方就会接过计算机资料信手翻翻,一旦被计算机先进的技术性能所吸引,推销便大功告成。

10. 强调与众不同

销售员要力图创造新的推销方法与推销风格,用新奇的方法来引起顾客的注意。日本一位人寿保险销售员,在名片上印着"76600"的数字,顾客感到奇怪,就问:"这个数字什么意思?"销售员反问道:"您一生中吃多少顿饭?"几乎没有一个顾客能答得出来,销售员接着说:"76600顿嘛,假定退休年龄是55岁,按照日本人的平均寿命计算,您不剩下19年的饭,即20805顿……",这位销售员用一个新奇的名片吸引住了顾客的注意力。

11. 利用赠品

很多人都有贪小便宜的心理,赠品就是利用这种心理进行推销。很少人会拒绝免费的东西,用赠品作敲门砖,既新鲜,又实用。

当代世界最富权威的推销专家戈德曼博士强调,在面对面的推销中,说好第一句话是十分重要的。顾客听第一句话要比听以后的话认真得多。听完第一句话,许多顾客就自觉不自觉地决定是尽快打发销售员走还是继续谈下去。因此,销售员要尽快抓住顾客的注意力,才能保证推销访问的顺利进行。

7.3 找到顾客的兴趣点

顾客的兴趣和顾客的关注点并不是一样的。

打个比方,顾客事先已经想到自己要给家里换一个沙发,于是他会带着这样的目的去有沙发的门店,他只关注沙发,不会去服装店,这就叫关注。但是,到了商厦之后,发现卖沙发的品牌很多,大同小异。有的卖衣柜的门店在做活动,而且价格和服务都很有吸引力,这样他的兴趣点被激活了,并进一步升华为新的关注点。

销售员需要主动激活顾客的兴趣点,而不是坐等他们对门店的产品产生关

注：因为只有创造出更多的兴趣点，才能有效吸引顾客，有更多的顾客愿意主动走进我们的门店。

某天，门店来了一位穿着时尚的女士，她很显然是带着悠闲的心情来逛逛的：即使在店内浏览产品时，神态也非常轻松自若，而且不时地摆弄手机。

店员小敏发现，这位女士从衣着到饰品都相当讲究。她的消费能力和要求应该都不低。于是，小敏找到机会，和女士聊起来。

一开始，女士态度懒洋洋的，不愿意多说话。但小敏抓住谈话空隙，称赞女士提包上一个小狗形状的饰品说："您的这个小狗饰品好有个性啊，非常可爱！"

这下，女士的微笑从内心浮现到脸上，她说："是吗？这是我专门定制的银饰，是按照我家宝宝的样子做的呢！"

小敏当然知道，"宝宝"就是女士的宠物，于是，她马上将话题引导到狗的身上，凭借业余时间在时尚杂志上了解到的宠物知识，小敏的谈吐迅速引起了女士的注意。当话题说到怎样预防猫狗对家具的破坏时，女士表现出了很大的烦恼，她抱怨说家里的另外一只纯种的猫最近很不听话，总是用爪子挠坏沙发。

"女士，如果您在我们这里定做沙发就不会有这样的问题了——我们每年赠送三次上门维修服务呢。"小敏说道。

"是吗？"女士说，"那正好，我家新房子的客厅正打算重新装修，这样吧，我今天就在你这里订一套真皮沙发。"

就这样，从一个小狗饰品到卖出去五位数价格的沙发，小敏只用了不到20分钟的时间。小敏成功的秘诀就在于她准确找到了顾客的兴趣点。

一般来说，顾客对商品的兴趣集中点主要体现在下图所示的几个方面。

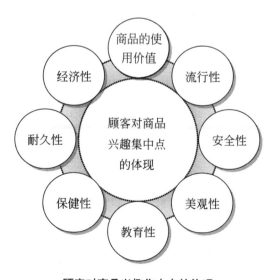

顾客对商品兴趣集中点的体现

（1）商品的使用价值

对于大多数商品和顾客来说，这都是兴趣集中点。因此详细地介绍产品的功能是必不可少的，也是首要的。对于经济上不是很宽裕的顾客，强调商品的多种功能就显得尤为重要。

（2）流行性

它是虚荣型顾客的一个重要兴趣集中点，大多数装饰品、高档日常用品都应突出这一集中点。根据顾客的着装以及家庭用具可以判断出其兴趣是否集中于此。

（3）安全性

它对于食品、婴儿用品、电器等显得比较重要。特别是老年顾客以及保守型的顾客，其兴趣会集中于此。

（4）美观性

青年顾客及年轻夫妇多重视商品的美观性，女性顾客也比男性顾客更多地重视这一点。性格内向、生活严谨的人在注重商品的使用价值的同时，对其外观也较挑剔，如果你的产品外观上有缺陷，你不妨刻意回避一下。

（5）教育性

随着人们收入的提高，对于这一点人们日益关注，尤其中年顾客。

（6）保健性

如食品、服装、用具，针对老年人要强调这一点，有财力和有时间保护自己健康的顾客尤其重视这一点。

（7）耐久性

它作为使用价值中一个特殊方面受到大多数顾客的重视，但有些强调时尚的商品则不必强调其耐久性。对于青年顾客，这一点往往考虑不多。

（8）经济性

强调商品的质量价格比优势无疑会使那些经济不宽裕的顾客的承受力加强。另外，商品数量有限，往往会促使犹豫的顾客做出决策；同时，物以稀为贵的思想大多数人都认同，不妨稍加利用。

7.4 做精彩的示范

在发现了面前顾客的兴趣集中点后可以重点示范给他们看，以证明你的产品可以解决他们的问题，适合他们的需求。当然如果你的顾客是随和型的，并且当时的气氛极好，时间充裕，你可以从容不迫地将产品的各个方面展示给顾客。但是，由于大部分顾客都不会喜欢你占用他们过多的时间，所以有选择、有重点地示范产品还是很有必要的。

比如，向顾客推销电动床，这时你只要向他示范电动床的主功能（能分别调节高度）即可，而如果你将所有的功能示范一遍，就会给顾客造成一种印象：这床与我家里的床没有什么区别，不买也罢。

示范是介绍产品的一种非常好的方式，据统计，谈话内容在顾客的脑海中只能留下10%的印象和记忆，而让客户参与面谈，参与示范，所获得的印象则会大大提高。因此，销售员一定要善于运用示范的方式来向顾客介绍产品。一般来说，示范主要有下图所示的基本功能。

功能一	能够运用动作的刺激，使注意倾向优先地发生，并集中于销售的产品，防止注意力的转移和分散
功能二	示范刺激作为一种视觉刺激，比其他知觉具有更明显的印象效果
功能三	示范的效果更具体和可以琢磨，比其他刺激更容易为人们所理解，也更容易在短时间内奏效等

示范的基本功能

示范是一种面面俱到的讲解方法，通过示范能够把我们的产品展示在顾客面前，从而能打动顾客。示范就是销售员通过某种方式将产品的性能、特点、特色展示出来，使顾客对产品有一个直观的了解。在销售过程中，常用的示范方法主要有下图所示的几种。

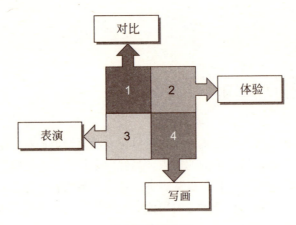

常用的示范方法

（1）对比

"有比较才有鉴别""不怕不识货，就怕货比货"，把我们的新产品和旧产品比一比，和竞争对手的产品比一比，通过这种对比，就可以把我们产品的优点和特点展示在顾客面前，让顾客信服。

老吴是一名下岗工人，做了许多小生意却不赚钱。他的一位在专利代理处工作的老同学，建议他销售一种高新产品——节能燃烧喷头，是家庭节约煤气用的。特点是采用气体悬浮燃烧，强磁净化过滤气体，全方位提高热能效率。长时间燃烧灶头不结炭、不生锈、干净卫生、安全、性能稳定。在液化石油煤气灶、人工管道煤气灶、农村沼气灶上都可安装。比原灶头节省气量25%～35%，使用寿命在10年以上。了解产品后，他认为这样好的产品肯定有销路，就决定做柳州市的总代理商。

销售伊始，老吴把产品拿到居民住宅区卖，采取新旧产品对比演示的方法，说服顾客。他用两个煤气灶，一个是改装上燃烧喷头的；一个是没有改装的，当场做实验。同样烧一杯开水，通过煤气表知道，改装的灶烧一杯开水用了0.02毫升煤气，时间用了一分钟；没有改装的灶用了0.033毫升煤气，时间用了一分二十秒。他一边做实验，一边讲解：按我市煤气价85元一罐，按一罐煤气用30天计算，装上燃烧喷头后，能多用10～15天，一个月就能节约20多块钱，一年就是300多块钱。该产品价格低，且一个月节省下来的钱就相当于燃烧喷头的钱了。由于老吴对产品质量有把握，公开承诺：不满意就退货！这更增加了产品的信誉度。围观的人觉得买这产品既经济又实惠，就纷纷购买，有的买一个，有的买两个，有的买好几个，说是送给亲人和朋友的。第一天就卖了200多个。

（2）体验

所谓体验，就是让顾客亲身接触产品。你说你的产品味道好，你让顾客亲自闻一闻；你说你的产品口感很好，你让顾客亲自尝一尝；你说你的产品质地很好，你让顾客亲自摸一摸，这就是体验。购买服装的时候，商家都让试一试，穿一穿，亲身体验一下；许多大型的超市专门让顾客品尝某些食品，然后再决定是否购买，就属于体验法。

在北京有一家商店卖气功激发仪，这种气功激发仪摆了几个月没有卖出去，后来有一天却卖出了197台，为什么？原因就在于这一天销售员改变了销售方法。这一天，有一位老先生来到了这个柜台前，盯着气功激发仪看了半天，就问销售员："这是什么东西？"销售员这一天服务态度非常好，详细地向老先生介绍了什么叫气功激发仪，并且拿着气功激发仪在老先生身上试验起来，奇迹还真的发生了，这位老先生过去患有肩周炎，胳膊抬不起来，结果这一试，这位老先生的胳膊抬起来了，旁边的人一看这气功激发仪的效果真不错，一下就有了一阵抢购风，气功激发仪当然销量大增，拓展开了产品的销路。

（3）表演

在顾客面前，为了增加示范的表现力和感染力，销售员应该学会一定的表演技巧。表演示范的主要方法是做动作，有时连色彩、音响、气味等都可以作为表演示范的辅助手段。所以，在顾客面前，销售员一个证明产品耐用性的小小旁证或简单示范，都会引起顾客浓厚的兴趣，以至于决定付诸购买。

比如，卖高级领带的销售员如果只说："这是××牌高级领带"，这没有什么效果，但是，如果把领带揉成一团，再轻易地拉平，说："这是××牌高级领带"，就能给人留下深刻的印象。

有时，销售员用一点儿戏剧化的手法进行示范，可以大大增强表演示范的效果。在做表演示范之前，销售员应该经过精心设计，仔细研究表演示范的程序安排与艺术处理，千万不可草率行事，否则"画虎不成反成犬"，欲速则不达。表演时应该注意言行动作的优美性，切不可片面追求新奇而使观者反感。

最后，表演要有计划，就像导演的电影剧本一样，示范中应反映出销售员精心安排的情节和具体表演的进展程序。有时，销售员在表演中加进一些戏剧性的内容，会更好地增强示范表演的艺术效果。

（4）写画

这是一种独特的示范方法。销售员有时可能无法携带实物样品，不能做实物演示的操作讲解，但只要销售员掌握了产品的资料、数据、图片和模型，就可以用纸与笔把所推销的商品介绍给客户。

无论推销哪种产品，都可以作写画示范。对于顾客来说，产品越新型、越精密复杂，就越有必要把你的推销介绍具体化。销售员如会画画，他们可以在顾客面前利用一些图案加强自己的表达能力和说服能力。某些推销商品一时无法在现场展示，如房屋、车船铺位、宾馆房间，销售员用笔画出简单的示意图就能很好地说明问题。

把一些数据写下来，比如"21英寸，显像管寿命12000小时""已出产此型号电视机30万台，占本地市场35%份额"，并当面交给顾客，这样能使顾客清楚地看到数据，就会有明显强化顾客购买兴趣的效果。因此，只要写画出你想说明的东西即可。

 **课外拓展**

示范操作的注意事项

销售员在示范的时候，一定要讲究一些原则和方法，主要包括以下几个方面。

1. 明确示范的目的，做好示范准备

销售员为什么要做示范呢？做示范就是要向顾客证明，证明我们产品的特点，证实我们产品的优点，证实我们产品具有的优越性。一个销售员在做示范之前，一定要弄明白我们向顾客证实的是产品的哪个优点、哪个性能，然后根据示范的目的做好准备。

2. 在使用中示范

我们不是仅仅把产品拿出来让顾客看一看就完事了，而是要让我们的产品动起来，转起来，响起来，在运动中、使用中把产品的优点展现在顾客面前。

3. 使示范带上戏剧性

销售员在示范的过程中，要加上一些戏剧性的情节，通过这些戏剧性的情节，使示范过程变得更生动、有趣，有一些生动有趣的小情节就更容易吸引客户。

4. 让顾客参与

示范不是说我做你看，示范是让顾客也参与进来，让顾客亲自动手操作机器，让他亲自穿上衣服来试一试，让他亲自来闻一闻。

5. 要动作熟练

销售员在示范时动作要大方熟练，不可谨小慎微。如果销售员在示范过程中谨小慎微，顾客就会对产品质量产生怀疑。

6. 要突出重点

我们的产品有许许多多的性能和特色，一个销售员不能面面俱到地打动顾客，但要示范我们的产品最优秀的地方，有了这个重点，就有可能给顾客留下深刻的印象。

7.及时检讨

在示范过程中，销售员要及时检讨示范是不是达到了我们的目的。

 销售心理解析

◎偏好心理◎

这是一种以满足个人特殊爱好和情趣为目的的购买心理。有偏好心理动机的人，喜欢购买某一类型的商品。这种偏好性往往同某种专业、知识、生活情趣等有关。因而具有偏好性购买心理动机的顾客往往比较理智，指向也比较稳定，具有经常性和持续性的特点。

第八课 塑造价值,诱导顾客体验

> **情景导入**

王老师："在销售过程中，我们找到了顾客的需求，并且成功开发和刺激顾客的需求，顾客对产品表现出了兴趣之后，接下来的工作重点就是如何把产品的核心价值与顾客的需求合理嫁接，传递顾客最关注的产品核心价值。"

"我们在向顾客传递产品核心价值的时候，一定要懂得运用生活化的通俗语言来有声有色地解说产品，让顾客不只听得懂，还要喜欢听；要懂得运用逻辑性的语言有理有据地介绍产品，不光说到顾客的心坎里，还能让顾客充分信服。"王老师接着说。

小黎："是的，我们平时在销售过程中，就非常注重塑造产品的价值，通过各种方法来展示产品的价值，比如说房子的采光效果佳、户型方正、利用率高等，从而引导顾客去参观我们的样板房，让顾客下定购买的决心。"

小杨："我们在给顾客推销保险时，也会全方位地向顾客介绍产品的价值，比如年终的分红、最高保额、实际收益等。"

小李："平时，我们也会将产品介绍和顾客的体验融为一体，在不经意中达成交易。"

……

王老师："不错，如果我们在推销过程中，只是凭嘴向顾客介绍的话，效果就非常有限。所以，要增加业绩，最有效的方法是积极塑造产品的价值，充分调动顾客的各种感官，引导顾客亲身体验，效果才会更加显著。"

"这节课呢，我们就从如何运用塑造产品价值的利器——FABE法则向顾客介绍产品开始，来讲讲如何塑造价值，诱导顾客体验。"

8.1 FABE法则的定义

FABE法则是非常典型的利益推销法，而且是非常具体、具有一定高度、可操作性很强的利益推销法。它通过下图所示的四个关键环节，极为巧妙地处理好顾客关心的问题，从而顺利地实现产品的价值导入。

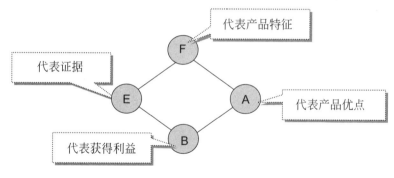

FABE 法则

(1) F (Features) ——代表产品特征

F代表特征：产品的特质、特性等最基本功能，以及它是如何用来满足顾客的各种需要的。

比如，从产品名称、产地、材料、工艺定位、特性等方面深刻去挖掘这个产品的内在属性，找到差异点。

心理破译

销售员要深刻发掘自身产品的潜质，努力去找到竞争对手和其他销售员忽略的、没想到的特性。当你给顾客一个"情理之中，意料之外"的感觉时，下一步的工作就很容易展开了。

(2) A (Advantages) ——代表产品优点

A代表由这类特征所产生的优点：即商品特性究竟发挥了什么功能？也就是要向顾客证明购买的理由。可和同类产品相比较，列出比较优势；或者列出这个产品独特的地方。

比如，更管用、更高档、更温馨、更保险、更……

(3) B (Benefits) ——代表获得利益

B代表这一优点能带给顾客的利益：即商品的优势带给顾客的好处。利益推销已成为推销的主流理念，一切以顾客利益为中心，通过强调顾客得到的利益和好处激发顾客的购买欲望。

(4) E (Evidence) ——代表证据

包括技术报告、顾客来信、公开发表的文章、照片、示范等，通过现场演示、相关证明文件及品牌效应来印证刚才的一系列介绍。所有作为"证据"的材料都应该具有足够的客观性、权威性、可靠性和可见证性。

8.2 用FABE法则塑造产品价值

作为销售员,产品是什么样的造型、是什么样的规格、是用什么样的原料制成的、运用了什么样的加工方法,这些你已经明白了,但是这种造型、这种工艺,它能带给客户什么样的利益呢?这就需要销售员去思考、去分析,如何把产品的特点转化为顾客利益呢?

FABE法则是一种向顾客介绍产品的非常好的方法,就是首先要找出我们的产品所具有的各种各样的特点,然后分析每个特点有什么样的优点,在分析过一个特点能够带给顾客什么样的利益后,再找出证据来证实我们的产品确实具有这种特点。

比如,某销售员在推销冰箱时,按照FABE的销售法则来介绍产品。

(特点)"您好,这款冰箱最大的特点是省电,它每天的用电才0.35千瓦·时,也就是说3天才用电约1千瓦·时。"

(优势)"以前的冰箱每天用电都在1千瓦·时以上,质量差一点儿的冰箱可能每天耗电达到2千瓦·时。现在的冰箱耗电设计一般是一天1千瓦·时左右。您一比较就可以看出一天可以为您省多少钱。"

(利益)"假如1千瓦·时的电费价格是0.8元,一天可以省0.5元,一个月省15元,就相当于省您的手机月租费了。"

(证据)"这款冰箱为什么那么省电呢?"

(利用说明书)"您看它的输入功率是70瓦,就相当于一个电灯的功率。这款冰箱用了非常好的压缩机和制冷剂,以及优化的省电设计,它的输入功率小,所以省电。"

(利用销售记录)"这款冰箱销量非常好,您可以看看我们的销售记录。假如合适的话,我就帮您试一台机。"

FABE法则简单地说,就是在找出顾客最感兴趣的各种特征后,分析这一特征所产生的优点,找出这一优点能够带给顾客的利益,最后提出证据,通过四个关键环节的销售模式,解答消费诉求,证实该产品确实能给顾客带来这些利益,极为巧妙地处理好顾客关心的问题,从而顺利实现产品的销售诉求。具体步骤如下图所示。

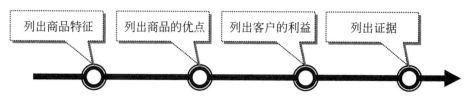

用FABE法则塑造产品价值的步骤

（1）列出商品特征

首先应该将商品的特征详细地列出来，尤其要针对其属性，写出其具有优势的特点，将这些特点列表比较。列表比较特点时，应充分运用自己所拥有的知识，将产品属性尽可能详细地表示出来。

（2）列出商品的优点

也就是说，所列的商品特征究竟发挥了什么功能，对使用者能提供什么好处，在什么动机或背景下产生了新产品的观念，这些也要依据上述的商品的特征，详细地列出来。

（3）列出客户的利益

如果客户是零售店或批发商，当然其利益可能有各种不同的形态。但基本上，我们必须考虑商品的利益是否能真正带给顾客好处。也就是说，要结合商品的利益与顾客所需要的利益。

（4）列出证据

亦即证明书、样品、商品展示说明、录音带、录像带等。在出示证据时，需要注意下图所示的三点。

事项一	要与顾客有关，你的证据至少要有3个以上，是同顾客情况相似的内容，这样才会产生代入感
事项二	出示的证据，最好能包括具体的公司名称，具体的顾客名字，具体的数据等，这样会让顾客觉得真实可信
事项三	在证据中，要学会使用对比，比如之前和之后的对比，危险和安全的对比，快和慢的对比，好和不好的对比，你的方案和竞争对手方案的对比等

出示证据的注意事项

8.3 引导顾客体验

生活中体验营销无处不在：在街边买西瓜，卖家会切开一个放在一边供顾客品尝；在商场买椅子，销售员会请你上去坐一坐，体验一下椅子的感觉。买家通过体验产品之后，再决定是否购买，这就是体验营销的起源。当行业发展到一定的阶段，人们对产品认知的要求会越来越高，买产品前先试用，这就是基本的体验营销。

（1）体验营销的定义

所谓体验营销是指企业根据消费者情感需求的特点，以有形产品为载体，以服务为舞台，以顾客为中心，以情感为纽带，以向顾客提供有价值、有意义的体验为主旨，通过充分响应顾客个性化的诉求，使顾客在心理和情感上获得美好及深刻的体验而开展的一种企业与顾客之间互动的新型营销模式。

在一家销售床垫的店面里，顾客被一张按摩床所吸引。销售员走过来与顾客交流："先生，您好，看看我们的床是不是觉得有点儿感觉？"顾客说："挺有意思。"

销售员开始介绍："我们这个床的内部结构和普通的电动按摩床不一样。首先，我们所用的按摩头是一排6个，一共有12排，就是72个按摩头。其次，我们的按摩头用的是进口的德国电动机。再次，一般的按摩头的按摩角度是180度，我们的按摩头可以做到360度全方位的旋转。您躺上去就会感觉特别特别舒服。"

顾客不禁产生疑问："有这么神奇吗？"销售员说："先生，我们这边有一张组装好的按摩床，要不您上来感受一下？"

顾客躺在按摩床上，销售员把电源插上。销售员问："您感觉整体力度合不合适？"顾客回答："还可以。"销售员顺势介绍："这张床可以分功能区进行调节。先生，现在头部是不是特别舒服，按摩得到不到位？"顾客回答："挺舒服的。"销售员问："那颈部呢，颈部力度怎么样？"顾客："颈部力度可以再稍微大一点儿。"销售员就把力度调大了，又问："肩部呢？"……

销售员不停地转换功能区，一直到顾客的肩部、背部、腰部，顾客都感觉非常舒服。

最后，顾客高兴地订下了这张床。

对销售员来说，将产品介绍和顾客的体验融为一体，容易在不经意中达成交易。如果销售员只是凭嘴向顾客介绍的话，效果就非常有限。所以，要增加业绩，最有效的方法是调动顾客的各种感官，引导顾客亲身体验，效果会更加显著。

（2）有效的体验

体验可以让顾客更深切地体会到产品的好处，其最重要的原则是，动用顾客所有的感官，包括他的视觉、听觉、嗅觉、触觉、味觉，尽可能地让产品给顾客留下一个全面的、整体的、立体的、鲜活的印象。

有效的体验分为四点，具体如下图所示。

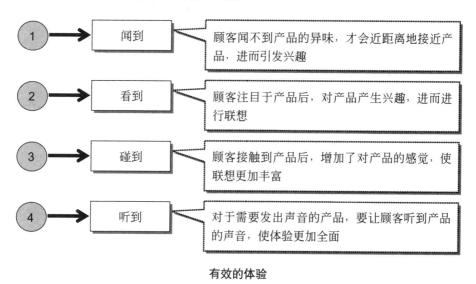

有效的体验

（3）邀请客户体验

很多销售员都有一个习惯，当顾客有购买意向时，就拼命地向顾客介绍产品如何好，价格如何实惠，服务如何优质，结果却是说的人累，听的人烦。而优秀销售员的做法是：当顾客对某产品有意向了，先简单地向顾客做些介绍，把产品主要的性能、关键的亮点说一下，然后带顾客去实际体验，让顾客感受得更真切。

小马是一家4S店的销售经理。在向顾客介绍产品后，顾客一般都会问他价格，这时他却不急着报价，而是带顾客去实地看产品。让顾客看烤瓷车身的光亮度，再用手摸一下，感觉光洁度，再与没有烤瓷的车辆进行对比。这样，两者的差距立即就看得出来，做过烤瓷的车身光亮如镜，使车辆上了一个档次。这时即使价格高点儿，顾客也愿意购买。

当顾客切实体会到产品的好处所在，心中就会产生消费的欲望。刺激顾客产生这种欲望的前提就是邀请顾客体验，但邀请顾客体验也要把握好时机，才能达到事半功倍的效果。所以，销售员要把握好如下图所示的三个邀请顾客体验的时机。

| 时机一 | 当顾客对产品表现出极大兴趣，主动提出需要体验产品时 |

| 时机二 | 当顾客对产品表现出较大兴趣，但是对销售员的说辞存有疑虑时 |

| 时机三 | 当顾客对产品有成见，销售员希望改变顾客的看法时 |

成功邀请客户体验的时机

 课外拓展 ▶▶▶

邀请顾客体验的注意要点

门店销售应该有创新意识，不能总是用一成不变的语言及思维去应对不断变化的市场需求和越来越挑剔的顾客要求。要想在竞争激烈的零售市场争取更大的市场占有率，就必须在很多细节上做得与你的竞争对手不一样。其实顾客之所以不愿意体验，大多因为觉得太麻烦，怕东西不适合或者不好意思。所以，销售员在邀请顾客体验商品的时候应把握如下五点。

1.把握时机，真诚建议

不可以过早提出体验的建议，除非顾客真的对商品产生操作的欲望，才可以用真诚、自然的语调请求顾客体验。

2.专业自信，给出理由

销售员要用自己专业的知识给顾客最贴切的建议，这样才可以获取顾客信任，并且销售员在建议顾客体验的时候一定要通过适当、兴奋、自信的语言来推动顾客去体验，用充分合理的理由使顾客产生一定要亲自试一下的冲动，这一点非常重要。

3.巧用肢体，积极引导

引导顾客，尤其是在顾客对于体验犹豫不决的时候，可以运用肢体动作来引导顾客，比如有利的手势引导，拿起产品转身去体验台或者拿起产品直接为顾客演示等。

4.压力缓解，学会坚持

销售员可以告诉顾客买不买都没有关系来缓解顾客的压力，从而鼓励顾客体验。当然遇到顾客拒绝后不要轻易放弃，而应该想好如何再次要求对方体验的充分理由，并让顾客感觉合情合理。

5.真诚探询，重新推荐

建议体验要学会坚持，但绝对不可以盲目坚持，当两次都遭到拒绝的时候，就不要做第三次建议了，否则就会让顾客有反感情绪。此时，销售员可以通过真诚的探询来了解顾客的真实需求，并重新为顾客做推荐。

 销售心理解析

◎**自尊心理**◎

有这种心理的客户，在购物时既追求商品的使用价值，又追求精神方面的高雅。他们在购买之前，就希望其购买行为受到销售员的欢迎和热情友好的接待。比如有的顾客满怀希望地进店购物，但一见销售员的脸冷若冰霜，便会转身而去。

第九课　合理报价，激发购买欲望

一本书搞懂销售心理学

情景导入

王老师:"成功的产品演示与体验就是激发顾客的购买欲望,然而这也不能让所有对商品感兴趣的顾客立即下决心购买,除非他的购买目的很明确。此时,销售员就要想办法刺激顾客的购买欲望。"

"那各位请想想,你们认为该如何激发顾客的购买欲望呢?"王老师问道。

小许:"我们4S店,经常会采取一些促销策略来刺激顾客的购买欲望,比如遇到节假日时就做促销,或是通过车展做促销,或是周年庆促销等活动。"

小李:"我在平时,会帮助顾客做同类商品的比较,通过比较说明所推荐的商品与其他商品的不同之处,并对顾客特别强调此商品的优点在哪里,以此来刺激顾客的购买欲望。"

小杨:"我会向我的顾客阐述清楚购买此产品所能得到的利益,加强顾客对产品的了解,加深对产品的印象,让顾客感觉到自己确实需要这样的商品,于是下决心购买。"

……

王老师:"大家讨论得非常好!购买欲望是指消费者购买商品的动机、愿望和要求,它是使消费者的潜在购买力转化为现实购买力的必要条件。我们可以通过各种方法和手段来刺激顾客的购买欲望,但是最终决定是否成交的关键因素还取决于顾客,这就关系到产品的价格。"

"价格是商品价值的货币表现形式,它直接影响消费者心理感知和判断,是影响消费者购买意愿和购买数量的重要因素。有经验的销售员都知道,价格问题谈得好就是成交的前兆,谈得不好就是销售失败的信号。"

"报价看似是个很简单的问题,其实不然。报价太高,会把顾客吓跑,报价太低自己又吃亏,只有一个合理专业的报价,才能为我们赢来更多的客户。怎样才能做到合理报价呢?这是有一定技巧的。"

"这节课,我们就来讲讲如何给客户报价,如何刺激顾客的购买欲望。"

9.1 巧用促销策略

目前，针对顾客的促销策略多种多样，在交易的最后达成阶段，如果顾客对是否购买还在犹豫，销售员可利用促销策略来刺激顾客的购买欲望，促使其下决心购买。

对于销售员来说，可巧用下图所示的促销策略，来刺激顾客的购买欲望。

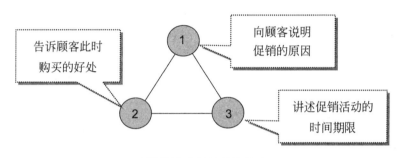

刺激顾客购买欲望的策略

（1）向顾客说明促销的原因

销售员首先要向顾客说明促销活动的原因，也就是要向顾客介绍某种商品为什么要打折（是畅销品、滞销品、处理品、新产品推广还是有瑕疵的商品等），赠送的礼品价值多少等，打消顾客的"促销品有问题"这类疑虑。

比如，"这种商品质量很好，只是款式有点过时，所以才打折！"

"商场店庆，我们也参加活动，全场8折"等。

（2）告诉顾客此时购买的好处

打消了顾客对商品和促销活动的疑虑，接下来，销售员就要向顾客说明在活动期间购买商品所获得的好处，让顾客了解自己得到的实惠。

比如，"虽然是打折商品，但它的使用效果和售后服务与原价销售时是一样的，而且我们现在还有礼品赠送，您今天买真的很划算。"

"您也知道，我们品牌平时很少有折扣的，这次是因为要配合商场的店庆活动，所以才打6.8折，这省下来的钱差不多又可以买一件了。"

（3）讲述促销活动的时间期限

为了让销售尽快成功完成，面对还在犹豫的顾客，销售员可以进一步诱导顾客下决心购买，办法就是告诉顾客促销活动的时间期限，让顾客别错过机会。

比如，"这个活动明天就结束了，过了这个村就没这个店了。"

"今天是活动的最后一天，明天就会恢复原价了。"

9.2 明确顾客的利益

对于顾客来讲，他们最关心的是产品或服务能为自己带来什么利益？能带来多大的利益？也就是说，一个产品或服务只要能解决他们生活、生产或工作、学习中的困难，能为其带来实实在在的利益，就能促使其做决定购买。

尤其是在产品销售进入关键的阶段时，由于顾客对产品已经有了初步的了解，销售员更应该直截了当，阐述产品的价值所在，促使顾客尽快做购买决定。

（1）突出产品的核心价值

一个产品之所以能区别于其他同类产品，最根本的不同就是核心价值的不同。任何一个产品都有自身的核心价值，这也是能打动顾客的真正原因。通常，一个产品的价值很多，而核心价值往往只有一个，因此，销售员如何能准确定位产品的核心价值成为推销的关键。

（2）突出产品的附加值

产品除了具备的核心价值之外，还有很多可利用的附加价值。有的客户就是被这些附加价值所打动，比如，一条漂亮的围巾，它的核心价值是御寒保暖，但是有些客户把它作为一种装饰用在别的地方也未尝不可。

9.3 比较同类产品

帮助顾客比较商品也是激发顾客购买欲望的技巧之一。销售员要帮助顾客做商品比较，利用各种例证充分说明所推荐的商品与其他商品的不同之处，并对顾客特别强调此商品的优点在哪里。

9.3.1 比较方式

销售员帮顾客做商品比较时，可采取下图所示的两种比较方式。

> **横向比较**
> 是指销售员拿自己所推荐的商品与其他品牌同类商品相比。好处是让顾客对该类商品有一个总体的把握，从而突显自己商品的优势

> **纵向比较**
> 是指销售员将自己所推荐的商品的现状与过去比较，或者是升级换代商品之间进行对比，进而突出顾客感兴趣的商品的优势，增强顾客的购买信心

同类商品的比较方式

9.3.2 比较内容

销售员在做商品比较时，无论是横向的，还是纵向的，其内容主要包括下图所示的5个方面。

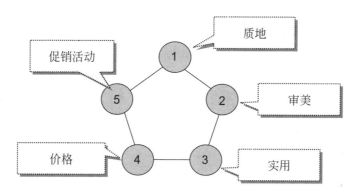

同类商品比较的内容

（1）质地

在商品质量、质地、做工上与同类商品比较，突出本商品的优点。

比如，"您看的这套餐椅，它是纯实木做的，不像有些品牌，是仿实木的，那种您从外观上看，木材的自然纹理、手感与色泽都和实木相同，但实际上是由实木和人造板混合制作的，远没有我们这种纯实木的高档、耐用……"

（2）审美

了解顾客的审美情趣和爱好之后，从此角度对商品进行对比，让顾客感觉此商品最适合自己。

比如，顾客对这套米白色系的衣柜很满意，但她也很喜欢另外一套褐色系的，想再看看，销售员说："刚听您说，您家的卧室墙面是米黄色的，如果搭配这套米白色系的，就会显得很清新，而且感觉很有暖意。但如果搭配褐色系的，可能有点不协调。米白色加上米黄色更能营造出温馨的感觉。"

（3）实用

从商品的使用价值、寿命、实惠等方面进行对比，满足顾客的求实心理。

比如，"这种沙发表面是用漂亮的纤维织物制成的，坐上去还很柔软，而且和两年前相比，现在的纤维织物都是经过了防污处理，还具有防潮性能，假如沙发弄脏了，污垢是很容易去除的。"

（4）价格

销售员要多了解同类商品、不同商家的价格情况，并在适当的时候告诉顾客。

比如，"在这个商场里，您是找不出第二家更便宜的价格的，因为我们是厂家直销。"

（5）促销活动

销售员要告诉顾客商品的促销活动情况，让顾客意识到在此购买最合适。

比如，"这款净水机目前在我们商场打折促销，我们是与厂家协商好的，在深圳地区只有我们一家有折扣活动。"

9.3.3 注意语言的运用

销售员在采取比较的方法向顾客介绍商品时，要注意语言的运用。具体要求如下图所示。

要点一	不要贬低同类其他品牌商品
要点二	既要全面介绍，又要突出重点。也就是找到顾客的兴趣点进行比较
要点三	既要实事求是，又要突出特点。突出商品特点的同时，不隐瞒商品的缺点，实事求是地介绍，让顾客买得放心

讲解时的语言运用要点

不同的顾客有不同的需要，会产生不同的欲望，有不同的担忧与疑虑。因此，不能用千篇一律的方法去激发所有顾客的购买欲望。销售员需因地、因人运用，做到随机应变。

9.4 慎重报出价格

如何报价对于销售员来说是很重要的一环。如果你的报价符合市场和顾客需求，那么签单成功率将大大增强，报价也在一定意义上决定了营销工作的成败。

（1）报价前先介绍产品优势

正式报价前，一定要争取先向顾客介绍产品优势。这样做的好处很明显，具体如下图所示。

 可以让顾客更好地了解公司和产品，增进认识

 为正式报价"预先铺垫"，打好基础

报价前先介绍产品优势的好处

当顾客对产品优势有所了解时，就可以报出更加"适当"的价格。同时还可以通过介绍产品，拖延客户时间，引导客户说出更多"内部信息"，更多地了解客户需求，从而报出更有针对性的价格。

曾经有这样一件事，说的是一个销售员向顾客推荐牙膏，顾客本能地问他多少钱，销售员心直口快，同时也缺乏经验，他告诉对方牙膏30元钱一支，顾客立刻觉得"太贵了"，后来不管那个销售员再怎么解释，都无济于事。如果这个销售员能先向顾客介绍产品的价值，再报出价格，顾客就会觉得物有所值了。

因此，销售员在向顾客介绍产品的时候，要避免过早提出或讨论价格，应该等顾客对产品的价值有了起码的认识后，再与其讨论价格。顾客对产品的购买欲望越强烈，他对价格问题的考虑就越少。

让顾客认同产品价值的最有效的方法就是做产品示范，俗话说："耳听为虚，眼见为实"。任你再怎么滔滔不绝地讲解都比不上让顾客真真切切地看一遍产品展示来得实在。

（2）科学推断客户心理价位后再报价

只要有可能，销售员都应该在报价前，争取多介绍产品优势，同时了解客户相关信息，从而科学推断顾客心理价位，再给出合理报价。

顾客对于产品价格的反应很大程度上来源于自己的购物经验。个人经验往往来自于自身的接受程度所形成的对某种产品、某个价位的知觉与判断。顾客多次购买某种价格高的商品，回去使用后发现很好，就会不断强化"价高质优"的判断和认识；反之，当顾客多次购买价格低的商品，发现不如意后，同样也会增加"便宜没好货"的感知。

因此，在销售过程中，销售员应事先了解顾客的购物经验，从而对顾客能够接受的价位进行准确判断。

（3）模糊回答

如果遇到有顾客一进店就直接问价格，这个时候销售员可以采用模糊回答的方法来转移顾客的注意力。

比如，当顾客问及价格时，销售员可以说："这取决于您选择哪种型号""那要看您有什么特殊要求"；或者也可以告诉顾客，"产品的价位有几种，从几百元到上千元的都有……"

即使销售员不得不马上答复顾客的询价，也应该建设性地补充："在考虑价格时，还要考虑这种产品的质量和使用寿命。"在做出答复后，销售员应继续进行促销，不要让顾客停留在价格的思考上，而是要回到关于产品的价值这个问题上去。

（4）第一次报价必须谨慎

第一次报价最忌讳报价过高，否则顾客不会给你第二次报价的机会。因为顾客被"震吓"住了，他不敢和你打交道了。

比如，顾客心理价位是1万元，而你的第一次报价是5万元，甚至8万元，估计没有几个顾客会继续和你洽谈。因为在顾客内心，会认为你能够给予的最低价（最终成交价）估计就是2万元甚至3万元以上，会"误认为"你绝对不会将价格调到1万元以内的。而事实上，你的底价只有1万，甚至更低。

当然，可能有人会说，我们还可以继续跟踪顾客，告诉顾客第一次报价仅仅是一个报价,我们的最终成交价很低。但是,这样只会给顾客一个很坏的印象:这个公司的价格怎么这么混乱?从5万元一下降到1万元,直接打2折,他们的利润空间是不是太大了?这样的公司值得信赖吗?说不定,他们的成本只有2000元呢……

一般情况下,顾客很容易形成这种思维,而一旦他形成这种思维,就会对你不信任,而且他会不断试探、挖掘你的价格"底线"。如果你的产品价格较高,在报价时,就要想办法使顾客充分认识到你的产品在其他方面的优势。

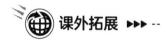 课外拓展 ▶▶▶

不要掉入"价格陷阱"

何谓"价格陷阱"?顾客买产品时,一般刚开始就会问价格,很多销售员往往直接地告诉顾客价格,然后双方经过讨价还价,最后却没有成交。这种顾客很可能对产品价值、卖点知之甚少,只是在意价格,这就是"价格陷阱"。

那么销售员在平时的销售过程中,如何化解"价格陷阱"呢?

1. 先谈价值,再谈价格

过早地就价格问题与顾客纠缠,往往会被顾客用"买不起"或"太贵了"拒绝。当顾客与我们讨论产品价格的时候,我们首先要自信,充分说明产品的价值,顾客购买它的理由,以及可给顾客带来的诸多实惠,在产品价值、区别于竞争对手的优势、对顾客的好处未充分表达之前,尽量少谈价格。

2. 分解价格,集合卖点

在与顾客讨论产品价格的时候,要注意把顾客买货当作"买生活方式"来推销。产品价格中除了产品本身外,还有配套、保养等综合购买成本,一一分解说明,从而转移顾客的注意力。

当然,仅仅分解价格是不够的。还必须不断向顾客灌输并让顾客充分认识到,这个价格买产品值,所以,卖点的推介很关键。

3. 成本核算,公开利润

顾客购买产品,一般最大的心理障碍就是担心买贵了、买亏了。所以在集中说明产品卖点,让顾客感到物有所值的同时,适当地向顾客公开项目"利润",和顾客算"成本账",能打消顾客疑虑,让顾客觉得销售员为人坦诚,从而促使顾客愉快签单。

当然,这里所说的成本和利润是相对准确的,不会太真,但也绝对不能太离谱。

除了避免陷入价格陷阱外，销售员在与顾客进行价格谈判的过程中，还需要切记三点：

（1）不要一开始就与顾客讨论价格问题，要善用迂回策略；

（2）不要一开始就把优惠政策告诉顾客，要逐步给其惊喜；

（3）不要为了完成销售任务额，主动提出将返佣返给顾客。

销售心理解析

◎疑虑心理◎

这是一种瞻前顾后的购物心理动机，其核心是怕"上当吃亏"。这类人在购物的过程中，对商品的质量、性能、功效持怀疑态度，怕不好使用，怕上当受骗。对这类顾客，销售员要尽可能地将他们的疑虑解除，才能达成交易。

第十课 处理异议,赢得顾客信任

> **情景导入**

王老师："大家都知道，在销售过程中，并不是每一单都成交得非常顺利，顾客总是会或多或少提出一些异议，而每个销售员都有自己独特的处理异议的方法，不同的方法适用于不同的顾客、产品和场合。只有掌握多种多样的消除异议的方法，才能在处理顾客异议的过程中取胜，使销售工作顺利进入下一阶段。"

"下面，大家回想一下，平时你们是如何处理顾客的异议的？"王老师问道。

小黎："我会先了解清楚顾客的异议到底是真异议还是假异议，然后再给出相应的处理方法。"

小杨："我会先了解清楚顾客产生异议的原因，弄清异议的根源，然后再来化解顾客的异议。"

小张："我提前推理出顾客可能在什么问题上会提出异议，并提前做好处理异议的准备，或是主动把顾客可能提出的异议讲解给顾客听，从而有效地预防顾客异议的产生。"

……

王老师："销售工作的实质就是处理顾客异议，处理顾客异议贯穿于整个导购过程的始终。一般来说，顾客没有任何反对意见就直接购买商品的情况是不多见的。在决定购买的过程中，顾客总是顾虑重重，总是担心商品品质不好，服务不到位等。因此，顾客异议是一种正常现象，是不可避免的。销售员应正视顾客的异议，用积极的心态去处理顾客的异议。"

"这节课呢，我们就从分析异议产生的原因、了解异议的类型、判断异议的真假、看清虚假异议的理由、处理异议的流程等几个方面来讲讲如何处理顾客的异议，从而赢得顾客的信任。"

10.1 分析异议的原因

顾客异议又叫推销障碍，是指顾客针对销售员及其在推销中的各种活动所做出的一种反应，是顾客对推销商品、推销人员、推销方式和交易条件发出的怀疑、抱怨，提出的否定或反对意见。

顾客的异议从哪里来？销售员应认真分析顾客提出异议的原因，弄清异议的根源，这样才能有效化解顾客的异议。总结起来，顾客异议产生的原因主要表现在以下五个方面。

10.1.1 顾客自身的原因

由于顾客多年来形成的购物习惯、收入水平、受教育程度以及认知能力等各方面的原因，无论是对自己感兴趣的产品，还是对销售员推荐的产品，甚至是对销售员本身都会提出多方面的反对意见，主要表现如下表所示。

顾客自身原因导致的异议

产生的原因	具体说明	应对方法
自身需求	这是由于面对销售员推荐的商品，顾客可能确实不需要、暂时不需要或尚未察觉到自己对商品的潜在需要，因此拒绝购买。其主要表现为直接拒绝或间接地对商品质量、款式等提出质疑，如"质量一般，我暂时不需要"	对于此种异议，销售员应挖掘出顾客的潜在需求，深入讲解商品给顾客能带来的利益，激发顾客的购买欲望
支付能力	这是由于顾客对超出自身购买能力的商品提出反对意见，因不愿多花钱而拒绝购买。但顾客一般不会直接表现出来，而是间接地表现为质量方面的异议等	对于此种异议，销售员应向顾客推荐价低的商品或停止销售，但态度要和蔼，如"那您看看，有没有适合您的"
消费经验	这是由于顾客在长期的购物活动中，在选购、使用和评价等一系列环节上都会积累一定的消费经验，进而影响其以后的购物行为。这类顾客一般对自己拥有的经验极其自信并极力维护	对于此种原因，销售员可以为顾客创造丰富、新奇的消费体验，如现场抽奖、免费试用等
购物习惯	当销售员的销售行为与顾客长期形成的购物习惯不一致时，顾客就会提出反对意见。比如，顾客习惯自己做主，而销售员却在旁边滔滔不绝，顾客就会找借口离开；或是顾客喜欢受到别人的重视，而销售员由于种种原因，没有热情接待，就会让顾客因失落而离开	对于此种异议，销售员应在看到顾客光临后，首先判断顾客的类型，然后再有针对性地采取销售策略
消费知识	这是由于顾客缺少消费知识，或销售员不能详细地介绍商品而导致顾客提出反对意见。比如，顾客不了解商品的使用、保养方法或性能等，而销售员也不能详尽说明，顾客就会对商品产生怀疑	对于此种异议，就需要销售员认真学习、掌握各项知识，能熟练地回答顾客的各种问题，避免此类异议产生

续表

产生的原因	具体说明	应对方法
购买权力	这是由于顾客无权决定购买什么商品、购买数量等情况。这类顾客一般会对购买条件、购买时间等提出反对意见，如"还不是很满意，我看看再说吧""我得回去和家人商量一下"等	对于此种异议，销售员应仔细识别顾客的购买资格，同时告诉顾客商品的卖点，加深顾客的印象，以使其成为真正的顾客
购物成见	这是指顾客因为自己的偏见或对事物认识不全面而提出的一些自认为正确、实际上并不合理的反对意见。这类顾客对商品或相关事物的看法缺乏公正、客观、全面的评价，甚至是蛮不讲理	对于此种异议，销售员应认真倾听顾客的意见，了解顾客的真实想法，适时纠正，但要注意态度和语言

10.1.2 商品原因

由于商品的原因而引起顾客异议也是很常见的情况，比如商品的价值、功能、利益、质量、造型、款式和包装等方面不能令顾客满意或者与顾客的理想状况有很大偏差，就会导致顾客产生异议。具体原因如下图所示。

异议一 商品不能给顾客带来使用价值

如果某种商品对顾客而言没有使用价值或使用价值不大，那么即使它的质量再好、价格再便宜，顾客一般也不会选择购买

异议二 商品功能不能满足顾客需要

商品功能的好坏和多少也是顾客选择商品时的一个重要依据。若功能太多、太少或不符合顾客的需要，顾客就会提出异议

异议三 商品带给顾客的利益不够大

有时顾客购买一件商品并不只是为了商品本身带来的利益，更在意它能比其他商品带来更多的利益，顾客才有可能放弃其他商品而购买这件商品

异议四 商品质量不能让顾客放心

质量是顾客选择商品时最看重的一项，如果顾客认为质量不过关，或者不能令他满意，那么他就会提出反对意见，放弃购买

| 异议五 | 商品特色不够鲜明 |

如果销售员为顾客推荐的商品没有什么特色，或不能满足顾客的特定需求，顾客就会对商品的外观等方面提出异议

| 异议六 | 商品的售后服务不够完善 |

有时候，顾客可能因为商品不能退换、保质期短或者不提供免费送货、安装服务等原因而拒绝购买商品或者提出反对意见

商品原因导致的异议

10.1.3 价格原因

价格异议是销售过程中最常见的。顾客对商品的需求总是超出可用来购买的资金，而且价格是影响顾客购买商品的最敏感因素，即使商品的价格比较合理，顾客还是会提出异议。

顾客提出价格异议的表现一般为价格过高与价格过低这两种形式。

（1）价格过高

顾客认为某商品价格过高而产生异议，这是销售员遇到的价格异议中最普遍的现象。具体原因如下图所示。

| 原因一 | 顾客对市场上同类商品的价格有所了解，认为该商品价格过高 |

| 原因二 | 顾客通过对商品成本的估算，确定了一个自认为合理的价格，相比之下，认为该商品价格过高 |

| 原因三 | 顾客对商品虽有需求，但经济条件不允许，因而认为价格过高 |

| 原因四 | 顾客的一种购物习惯，即无论是什么价格，他们都认为高而要讨价还价 |

| 原因五 | 顾客以"价格太贵"来试探销售员，看是否有进一步降价的可能，以实现自己利益最大化 |

顾客认为价格过高而产生异议的原因

（2）价格过低

这种异议是指顾客会因为销售员推荐的商品价格过低而拒绝购买。具体原因如下图所示。

原因一	顾客经济条件比较好，没必要买价格低廉的商品
原因二	顾客认为"便宜没好货，好货不便宜"，不信任低价商品的质量
原因三	顾客社会地位较高，认为购买低档商品有损自己的形象

顾客认为价格过低而产生异议的原因

10.1.4 销售员的原因

有时候，由于销售员自身的原因也会让顾客产生异议，如销售员的仪容仪表、行为方式、服务态度等方面不能令顾客满意，甚至使顾客产生反感而提出反对意见。下图所示的几种不当行为就很容易让顾客产生异议。

原因一	为说服顾客而对商品做夸大不实的说明，哄骗顾客，带来更多的异议
原因二	说话时专业术语较多，顾客不能理解；或者销售员解说不清晰，导致顾客提出异议
原因三	说得太多，处处想占上风，让顾客感觉不愉快，而让顾客提出异议
原因四	总是紧跟在顾客身边，让顾客有压迫感而提出异议
原因五	进行商品展示时，由于不熟练或其他原因使展示失败而遭到顾客的质疑

销售员本身原因导致的异议

10.1.5 其他原因

顾客产生异议的原因可谓多种多样，除了以上分析的顾客、商品、价格和销售员自身等方面的原因外，顾客异议还存在其他原因。

（1）来源异议

提出这类异议的顾客通常比较关心商品的产地、销售员所在公司等。比如，"你是哪个公司的""这个品牌我怎么从来没听过"等。

（2）时间异议

顾客在没有相信商品的价值时，往往会采取这种退一步的方法，即不立即做出购买决定。当顾客说"我下次再买吧"之类的话时，表明顾客在这一方面提出了异议。

其实顾客提出的时间异议的真正理由往往不是购买时间，而是在价格、质量和支付能力等方面存在问题。销售员应抓住机会，认真分析时间异议背后真正的原因，区别对待。

心理破译

在大多数情况下，导致顾客异议产生的原因是相互交织在一起的，销售员要练就"火眼金睛"，对顾客的异议原因做出认真、仔细的分析，并"对症下药"。

10.2 了解异议的类型

销售员要想正确区分顾客异议的真伪，首先应了解顾客异议的类型。通常，有下图所示的三种不同类型的异议，销售员应该认真辨别。

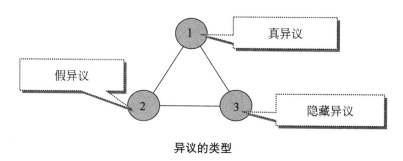

异议的类型

（1）真异议

客户认为目前没有需要，或对你的产品不满意，或对你的产品持有偏见。

比如，"我听朋友说过，这个品牌的产品配件容易坏""我以前买过这个品牌的产品，觉得功能设计不合理"等。

对于此类"真异议"，销售员必须视情形考虑是立刻处理还是延后处理，要消除顾客的偏见或错误认识。

当客户的异议属于其关心的重点时，当你必须妥善处理后才可能继续进行销售时，当你处理异议后能立刻获得订单时，你应该立即处理异议。

反之，在以下情况下可以考虑延后处理：当遇到你权限外或你不确定的事情时，先承认自己无法立刻回答，但保证会迅速找到答案并告诉他；当客户在还没有完全了解产品特性及利益前提出价格问题时；当客户的异议在后面可以更清楚地得到证明时……

（2）假异议

假异议通常可以分为两种，具体如下。

第一种是指客户用借口、敷衍的方式应付销售员，目的是不想诚意地和销售员会谈，不想真心介入销售的活动。

比如，"这件大衣的款式不是我想要的""你们这标示的价格也太离谱了"等。

第二种是客户提出很多异议，但这些异议并不是他们真正在意的地方。

比如"这款窗帘是前年流行的款式，已过了时""这瓷器的颜色不够明亮"等。

以上这些虽然听起来也是异议，但不是客户真正的异议。销售员应视情况采取应对策略，要转移顾客的注意点，同时讲解商品给顾客带来的利益等。

心理破译

当客户提出虚假异议时，销售员只要做好充分的准备，多与客户沟通，并就客户提出的异议向同事和领导请教、探讨及学习，就能消除这些虚假异议，并达成交易。

（3）隐藏异议

隐藏异议指客户并不把真异议提出，而是提出各种真异议或假异议，目的是要借此假相达成隐藏异议解决的有利环境。

比如，客户希望降价，但却提出其他如品质、外观、颜色等异议，以降低产品的价值，从而达到降价的目的。

10.3 判断异议的真假

在销售中，顾客提出的异议越多，表明他的购买需求越大，购买意向越强烈。但这要有一个前提，那就是顾客提出的都是真异议。这是因为有时候顾客也许并不想购买产品，于是有意提出一些假异议。

有的销售员从来不考虑顾客异议是真是假，只要是顾客提出的异议就全部解答，结果被顾客的异议所困。所以，当顾客提出异议时，销售员要有意识地考虑这个异议是真异议还是假异议，他提出这个异议是出于什么目的等。如果是真实的异议，我们就要为他耐心解答，否则就要巧妙地避开这个异议。

那么，销售员该如何揭开顾客伪装的面纱，判断异议的真假呢？在平时的工作中，销售员可参考下图所示的方法，来识别顾客异议的真假。

判断异议真假的方法

（1）反问法

就是销售员来反问顾客，让顾客自己去解决其提出的异议。

比如，顾客说："你们的产品没有很好的售后服务。"销售员可以说："那您觉得什么样的售后服务您能满意呢？"如果顾客提出了具体的要求，那么这个异议就是真异议。

（2）假设法

就是假设这个异议已经解决了，顾客会不会购买。

比如，顾客说："你们的产品没有很好的售后服务。"销售员可以说："如果我们的售后服务令您满意的话，您是不是就决定购买了呢？"如果顾客的回答是肯定的，那么这个异议就是真异议。

（3）诱导法

顾客虽然提出很多看似关心产品的异议，但真正的想法可能是"我听烦了你那一套说辞,反正我又不打算买,随便敷衍一下,使一下缓兵之计。"在这种情况下,销售员就要试着引出顾客的真心话。

比如,可以直接询问顾客:"您提出异议是不是因为贵公司最近资金比较紧张,对于购买这些产品存在一定的压力呢?"若能让顾客说出真心话,了解其中的原因,就有希望进一步去促成交易。

(4)转化法

就是把顾客提出的异议转化成商品的一个卖点。

比如,顾客说:"你们的产品没有很好的售后服务。"销售员可以说:"您的担心是应该的,我们现在的售后服务确实不是很完善。但您要知道我们的顾客投诉量是很少的,这就说明我们的质量是有保证的。质量与售后服务您会选择哪一个?"

如果顾客听到销售员这样说后点头释然的话,那么这个异议就是真异议。

(5)第三方证明法

顾客在产品性能和技术指标方面提出异议时,如果销售员的回答还不足以使顾客信服,可以采用第三方证明法。

比如,提供国家权威机构的检测报告、已使用此产品的顾客名单和联系方法给顾客看,或者邀请顾客到工厂实地考察等。

如果顾客在十分可靠的证明前仍不满意的话,那么很可能还有其他隐情。

(6)笑而不答法

面对顾客的异议,销售员有时也可以面带笑容点头同意或"装傻"。特别是在一些大型的销售中,顾客的内部关系错综复杂,销售员说话稍有不慎,就容易节外生枝,所以销售员要格外小心。如果顾客在接下来的谈话中没有对这一问题抓住不放,那么就表明顾客提出这一异议没有明显的动机,也许只是出于习惯或者是发泄。

心理破译

在销售过程中,顾客有异议是很常见的。关键是销售员在识别了顾客异议的真假后,要能充分发挥自己的个人能力,引导顾客跟着自己的思路走,把异议处理好。

10.4 看清虚假异议的理由

对于顾客提出的异议,销售员应该区分出真异议和假异议,并想办法拨开假异议的表象,找出真正的原因。一般来说,顾客提出虚异议时,往往会给出以下四种理由,具体如下图所示。

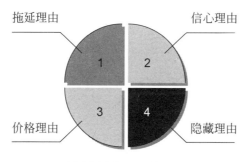

顾客提出假异议的理由

(1)拖延理由

拖延理由就是顾客想推迟购买的时间。

比如,"这款手机还不错,不过我还想到市场上看看有没有更合适的,我打算过段时间再买""这件皮衣价格是挺合适的,但现在也不着急买,过段时间再说吧"等。

如果顾客用拖延理由来拒绝,销售员应该针对顾客的具体情况,用恰当的理由去说服顾客。

比如,顾客表示过段时间再买这件皮衣,销售员就可以这样回答她:"这件皮衣无论是质量还是款式,都非常好,这您也看到了。看您也是真心喜欢,这样吧,如果您马上决定的话,我们给您打个九折,您也不用浪费时间去其他地方逛了,好吗?"

对于那些犹豫是否马上购买的顾客,销售员可以主动做出一些适当的让步,促使其立即决定。对于那些坚决要推迟购买时间的顾客,销售员也不要步步紧逼、死缠烂打,而应以积极的态度欢迎与其下次洽谈。

(2)信心理由

当顾客提出信心理由时,说明他给出的是虚假异议。而顾客往往不愿意购买的绝大多数理由就是信心理由,即顾客对销售员的承诺或对产品本身缺乏信心,或是对销售员的讲解表示怀疑,或是顾客不喜欢销售员的仪容仪表、言谈举止或行为方式等。

顾客对销售员不信任的主要原因是，销售员的某些不恰当的行为方式引起了顾客的反感。当顾客对销售员的承诺及对产品本身都缺乏信心时，销售员应该首先向顾客说："我们公司是一家信誉良好的现代化商业企业，购买本公司的产品都有顾客购物保障。"同时，在讲解产品时，销售员要态度诚恳、实事求是，不夸大产品的功效，以取得顾客的信赖。

此外，销售员还应注意建立自己的专业形象，不要把顾客不需要的产品强加给对方，这样才能博取顾客的好感和信任。

（3）价格理由

价格理由就是顾客对产品价格的抱怨，希望降低成交的价格，这是一种常见的假异议。

比如，"太贵了""价格太高了""我买不起""这个产品哪值这个价"等。

当顾客提出价格异议时，销售员可以采取"化整为零法"，即在对顾客讲解时，将付款总额拆散为较小的份额，这样就可以化解顾客心里的价格压力。

（4）隐藏理由

隐藏理由就是，顾客给出的理由不是真正的理由，而只是一个虚假的借口。

比如，"我以前也用过同类的产品，但现在不想买了""我目前还不需要，如果有需要我会联系你的"等。

对于这种隐藏的理由，销售员可以用开放式的问题来发问，如"您以前使用的这类化妆品的效果如何呢？"以此来进一步与顾客探讨其需求，并介绍自己所销售的产品的价值，说明该产品既能满足他的需求，又物有所值。

10.5　处理异议的流程

销售工作的实质就是处理顾客异议，处理顾客异议贯穿于整个导购过程的始终。一般来说，顾客没有任何反对意见就直接购买商品的情况是不多见的。在决定购买的过程中，顾客总是顾虑重重，总是担心商品品质不好，服务不到位等。

因此，顾客异议是一种正常现象，是不可避免的。销售员应正视顾客的异议，用积极的心态去处理顾客的异议。

正确处理顾客异议是销售员销售成功的关键所在，销售员可按下图所示的流程来解决顾客的疑虑，化解顾客的异议。

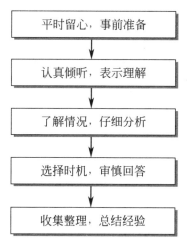

处理顾客异议的流程

10.5.1 平时留心,事前准备

销售员在平时的工作中,要多留心,事前做好准备,将顾客的异议提前解决。具体要准备的内容如下图所示。

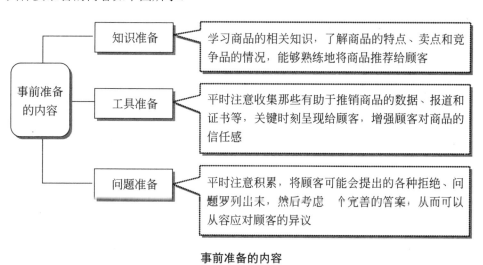

事前准备的内容

10.5.2 认真倾听,表示理解

销售员听到顾客提出的异议后,应表示出对顾客所提意见的认可和理解,并聚精会神地倾听,这是分析顾客异议,与顾客形成良好关系的前提。倾听时,销售员要注意下图所示的几个要点。

| 要点一 | 要听到顾客异议背后的真正意思，留意关键字是什么，争取了解到顾客的真实想法 |

| 要点二 | 要静静地听，不要急于回应顾客所说的每一句话，否则你来我往，容易让异议升级成争吵 |

| 要点三 | 要有好的态度，让顾客感觉到对他们的认同与尊重。销售员可通过点头、微笑、眼神接触等流露出关怀的表情和肢体动作 |

| 要点四 | 要对顾客表现出理解和同情。顾客提出异议，通常会带有某种主观色彩和个人情感，销售员要向顾客表示出自己理解他们这种感情 |

倾听的要点

心理破译

销售员要清楚一点，对顾客表现出同情心，只意味着你理解他们的心情，并明白了他们的观点，但并不意味着你完全赞同他们的观点。

10.5.3 了解情况，仔细分析

当顾客表达完自己的异议后，销售员不要立刻回答，应停顿3～5秒钟，表现出在仔细考虑顾客所说的话，然后友善地回答顾客，同时通过询问来了解顾客的情况。

销售员可通过一些开放式的问句来明确顾客的问题，比如：

（1）您为什么会这样想呢？

（2）您为什么会有这样的感觉呢？

（3）您真正的意思是……？

（4）您最关心的是什么？

（5）您显然有很好的理由，我能请教那是什么理由吗？

当销售员通过上面方式的询问时，顾客一般都会很自然地做进一步的阐述，并且说明自己反对的理由。这样，销售员就可以了解到顾客的具体情况、想法和意愿，才能分析出顾客提出反对意见背后的真正原因。

因此，销售员应通过引导顾客谈话，逐步从其话语中摸索出顾客的真实想法，然后仔细分析，对症下药，消除顾客的反对意见。

10.5.4 选择时机，审慎回答

销售员在仔细分析了顾客的异议，了解其真实原因后，就要选择恰当的时机，以沉着、坦白、直率的态度，回答顾客的异议，并将有关事实、数据、资料或证明展示给顾客，但要注意措辞恰当，语调温和，并在和善友好的气氛下进行，以便顺利化解异议。

（1）选择答复顾客的恰当时机

销售员应选择恰当的时机来答复顾客的异议，这样可使销售工作事半功倍。一般有下图所示的几种答复顾客的时机。

时机一　立即答复

若顾客异议源于价格、偏见或是对商品缺乏了解，应立即给予答复。持此种异议的顾客都是想进一步了解商品，如不能及时答复，他们很可能会失去继续了解商品的兴趣

时机二　提前答复

当察觉到顾客会马上提出异议时，销售员可抢先将问题提出来，通过争取主动，先发制人，可提前化解顾客的异议，避免发生争执而引起不快

时机三　延后答复

对于顾客的借口或故意反对等异议，销售员可延后答复。持此种异议的顾客，在心理上和销售员是对立的，如果贸然与其讨论问题的正确与否，只会加深对立

时机四　不予答复

对于无关紧要的异议、容易造成争议的话题、具有不可辩驳的异议等，销售员可选择沉默、装作没听见，按自己的思路说下去，或是答非所问，悄悄转移对方的话题

答复顾客的时机

（2）审慎回答顾客的异议

根据顾客的具体异议，除了要选择恰当的答复时机外，还要审慎回答。回答异议的技巧如下图所示。

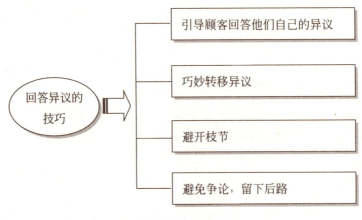

回答异议的技巧

① 引导顾客回答他们自己的异议　顾客提出异议，说明在他们的内心深处想将购买活动进展下去，销售员只要引导他们如何进展即可。

② 巧妙转移异议　销售员在回答顾客异议的时候，其目的是要转移异议，对于顾客真正关心的问题，可以运用"我很感激，同时……""我很认同，同时……"等方式，转移他们关注的焦点。

比如，顾客谈到价格问题时，销售员可以这么答复："价格是很重要的，同时价值才是真正重要的，您说是不是呢？"

将顾客关注的焦点巧妙地转移，可以避免因双方就同一问题争执起来，从而有效地化解顾客的异议。

心理破译

销售员使用连接词时应用"同时"，而非"但是"。"同时"一词具有认同、一致性、受尊重的感觉，而"但是"一词则具有否定、反驳的意味。

为了达到转移顾客异议的目的，销售员可以从下图所示的方面来回答顾客的问题。

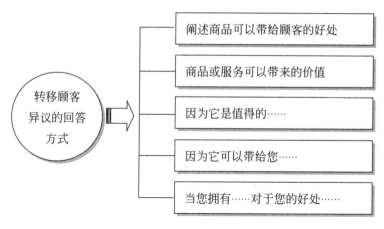

转移顾客异议的回答方式

③ 避开枝节 对于销售员来说,只要注意顾客对商品本身的意见即可,要尽量回避价值不大的枝节问题,以节省交流时间,提高销售效率,减少不必要的麻烦。

顾客对商品的异议有疑虑、误解和指出缺点之分,销售员应针对不同的异议采取不同的应对措施,具体如下图所示。

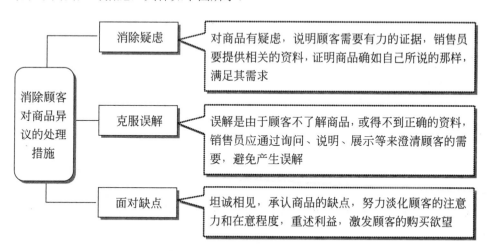

消除顾客对商品异议的处理措施

④ 避免争论,留下后路 销售员要明白,顾客的异议不是能够轻而易举地解决的。如果根据洽谈的结果,认为一时不能成交,那就应设法敞开日后重新洽谈的大门,以期再有机会去讨论这些分歧,从而获得最终的胜利。

另外，销售员在回答顾客异议时难免会陷入争论，甚至不知道是怎样陷进去的。但是，销售员一定要牢记：不管顾客怎样激烈反驳，不管他们的话语怎样针锋相对，你也不要与其争论。宁可在争论时输给顾客，也要想办法把产品销售出去，这才是硬道理。

10.5.5 收集整理，总结经验

销售员在解答了顾客的异议之后，对于顾客提出的各种反对意见，可在导购工作结束后加以收集、整理和总结，具体如下图所示。

将顾客的各种反对意见收集整理，并据此设计出令顾客满意的答案，在日后遇到此类问题时就会应对自如，从而提高自己的工作能力 ← 异议一

异议二 → 对于顾客提出的那些中肯意见，应及时上报给主管或企业的销售员。可为企业改进产品提供参考意见和创作灵感

收集整理顾客的异议

心理破译

收集、整理和总结顾客的各种异议是非常重要的，销售员必须予以充分重视，切实做好这项工作。

10.6 顾客异议的分类及排除方法

每个销售员都有自己独特的处理异议的方法，不同的方法适用于不同的顾客、产品和场合。一名优秀的销售员，只有掌握多种多样的消除异议的方法，才能在处理顾客异议的过程中取胜，使销售工作顺利地进入下一个阶段。下表是几种常见的顾客异议分类及应对方法。

常见的顾客异议分类及应对方法

异议类型	具体说明	应对方法
沉默型异议	沉默型异议是指顾客在产品介绍的整个过程中，一直非常沉默，甚至有些冷漠的态度	（1）要多问顾客一些开放式的问题，引导他多谈谈自己的想法 （2）当他开口说话的时候，他就会将注意力集中在你的产品上 （3）要鼓励顾客多说话，多问他对产品的看法和意见
借口型异议	一般是指顾客会说"价格太贵了""好吧，我再考虑考虑""我回家商量一下"等	（1）通过友好的态度对顾客说："您提出的这些问题，我知道非常重要，待会儿，我们可以专门讨论。现在我想先用几分钟的时间来介绍一下我们产品的特色是什么，为什么您应该购买我们的产品，而不是购买其他品牌的产品" （2）使用类似的话语，将顾客的这些借口型异议先搁置一旁，转移他们的注意力到其他感兴趣的项目上，在多数情况下这些借口自然就会消失
批评型异议	是指顾客会以负面的方式批评你的产品或公司，说你的产品质量不好，服务不好	（1）首先你要看看顾客对于这种批评型的异议是真关心还是随口提一提 （2）假如是真关心，你应该告诉他："先生，我不知道您是从哪里听来的这些消息，同时我也能够理解您对这些事情的担心……"接下来再介绍目前产品的质量和服务都进行了改善提高，并且获得了某某认证 （3）假如是随口提一提，也需要解决顾客的问题，打消顾客疑虑，坚定顾客信心。让顾客认为买我们的产品物超所值
问题型异议	是指顾客会提出各式各样的问题来考验你，有时提出的问题会让你无法回答	（1）首先要对顾客的问题表示认可及欢迎，你可以说："我非常高兴您能提出这样的问题来，这也表示您对我们的产品很感兴趣" （2）接下来你就可以开始回答顾客的问题，在处理问题型异议时，你必须对产品有充分的认识
主观型异议	是指顾客对你个人有所不满，对你的态度不是非常友善	主观型异议顾客持有这种异议，通常表示你与顾客的亲和力建立得太差了，你要做的是赶快重新建立亲和力，少说话，多发问，多请教，让顾客多谈谈自己的看法
价格异议	是指不论你的产品价格多么具有竞争力，顾客都认为太贵了	通过化整为零、价格对比、品牌效应等方法消除顾客异议，也可帮顾客算出一个成本账，化解顾客异议

10.7 处理异议的常规方法

顾客的异议代表对商品有兴趣，对于销售员来说就是一个销售的机会。因此，销售员要善于把握机会，耐心倾听并认真解答顾客的异议，为顾客提供令其满意的服务。

在销售过程中，常用的处理顾客异议的方法有下图所示的几种。

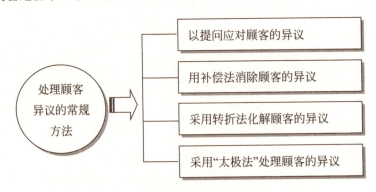

处理顾客异议的常规方法

（1）以提问应对顾客的异议

对于销售员来说，会问比会说更重要，如果能通过询问掌握顾客产生异议的真实原因，就能从根源上消除顾客的异议。在实际销售过程中，一些顾客的异议仅仅是顾客用来拒绝购买而信手拈来的一个借口，不一定与顾客的真实想法完全一致。这时，销售员就可以采用询问探由法来处理顾客的异议。

询问探由法是指销售员针对顾客的异议提出疑问，并从顾客的回答中寻找异议的真实原因，进而来处理异议的一种策略和方法。

顾客："我觉得你们的价格太贵了。"

销售员："李总，我们的产品从质量到性能，再到售后服务都是全行业中非常好的，并且性价比也是很高的，所以我认为价格贵不是您拒绝购买的真正原因。您是不是对我们的产品还有其他不满意的地方呢？"

顾客："你们的产品颜色太少了。"

销售员："经过市场调查，我们已选择了6种最受顾客欢迎的颜色，如果再增加更多颜色的产品，可能会给您的库存管理增添负担。我入行不久，对许多事情还不是很了解，而您是业内专家，您可以指点一下我需要增加产品颜色的原因吗？"

由此可见，询问探由法是一种非常有效的处理顾客异议的方法。询问探由法的优点如下图所示。

优点一	通过询问，销售员可以进一步了解顾客，获得更多的顾客信息，为进一步销售奠定基础
优点二	询问使销售员有了从容不迫地进行思考及制定下一步销售策略的时间
优点三	询问还可以使销售员从被动地听顾客申诉、拒绝，转为主动地提出问题与顾客共同探讨

询问探由法的优点

心理破译

运用提问法时，销售员要看准有利时机，灵活提问，而且要讲究销售礼仪，尊重顾客。

（2）用补偿法消除顾客的异议

任何一种产品不可能在价格、质量、功能等诸多方面，都比其他的竞争产品有绝对的优势，顾客对产品提出的异议，有时确实有其合理性的一面，如果销售员一味去反驳，就容易造成顾客的反感。

所以，如果顾客的反对意见的确切中了产品或服务中的缺陷，千万不可以回避或直接否定。明智的方法是肯定有关缺点，然后淡化处理，利用产品的优点来补偿甚至抵消这些缺点。这样有利于使顾客的心理达到一定程度的平衡，从而做出购买决策。

顾客："产品的价格太高了。"

销售员："价格可能是高一点，但您一定要相信'一分钱，一分货'的道理，我们这款沙发的质量是上乘的。虽然用较低的价格也能买到其他的类似品，但如果质量不可靠的话，在以后的使用过程中会很麻烦，而且修理还会带来诸多不便。相比之下，多花点儿钱买个放心还是划算的，您说呢？"

顾客："这款沙发的皮料不是最好的。"

销售员："您真是好眼力，这个皮料的确不是最好的，若选用最好的皮料，价格恐怕要高出现在的一倍以上。但是这款沙发的设计、颜色都非常棒，以这么便宜的价格买到款式这么好的沙发，您还是赚了。"

通过运用补偿法使顾客认识到产品虽然存在一定缺陷，但是也具有独特的优势，总体来说还是比较划算的，这样顾客就不会太在意那一点儿美中不足了。所以补偿法是取得顾客信任，化解顾客异议的良方。

由于补偿法需要首先承认顾客的异议，但又不能及时地解决，所以可能会产生某种负效应，导致顾客失去购买信心。所以，销售员只能承认真实有效的异议，不要滥用补偿法，不加区别地肯定顾客提出的异议，以免顾客误会，使原本无效的异议演变成有效异议。

心理破译

运用补偿法时，销售员应该实事求是地承认与肯定顾客的合理异议，并及时提出产品具有足够吸引力的优点。

（3）采用转折法化解顾客的异议

为避免引起顾客的不快，销售员可以采用转折法，委婉、诚恳地化解顾客的异议。转折法是指销售员根据有关事实与理由，间接否定顾客异议的一种处理方法。

对顾客的某些异议，如果销售员直接反驳，会引起顾客不快。对此，可首先承认顾客的意见有道理，然后再提出不同的意见。当顾客提出异议后，销售员先回答"是的，不过……"或"是的，但是……"，然后再继续说话。

顾客："我不太喜欢木制家具，它们很容易变形。"

销售员："您说得非常对，如果与钢铁制品相比，木制家具的确容易扭曲变形。不过，我们制作家具的木板是经过特殊处理的，扭曲变形的系数只有用精密仪器才能测得出。"

这位销售员的转折法就用得很好。他这样说不仅给顾客留了"面子"，而且也轻松地消除了顾客的疑虑。

转折法适用于因顾客的无知、成见、片面经验、信息不足等所引起的购买异议。使用转折法处理顾客异议时，首先要表示对顾客异议的理解，或者是简单地重复一遍顾客的异议，使顾客的心理有暂时的平衡，然后转移话题，对顾客的异议进行反驳处理。

用转折法处理顾客异议，比直接反驳法更委婉些、诚恳些，所收到的效果也更好，其优点如下图所示。

| 优点一 | 转折法一般不会冒犯顾客，能保持较为良好的销售气氛 |

| 优点二 | 重复顾客异议并表示理解的过程，又使销售员有时间进行思考和分析，判断顾客拒绝的性质与根源 |

| 优点三 | 转折法使顾客感到被尊重、被承认、被理解，虽然拒绝被否定了，但是还是可以接受的 |

转折法的优点

心理破译

运用转折法时，销售员不要给顾客留下玩弄文字、回避矛盾的感觉，要态度认真、语气诚恳。

（4）采用"太极法"处理顾客的异议

在与顾客的销售博弈中，利用太极拳的借力生力原理，使顾客的异议变成购买的理由，是排除顾客异议最巧妙的方法。这种方法被称为"太极法"。通过"太极法"排除顾客异议的基本做法是，当顾客提出某些不购买的异议时，销售员应立刻回复说："这正是我认为您要购买的理由！"也就是销售员能立即将顾客的反对意见直接转换成他必须购买的理由。

"太极法"能处理的异议多半是顾客通常并不十分坚持的异议，特别是顾客的一些借口。"太极法"最大的目的，是让销售员能借处理异议而迅速地陈述他能带给顾客的利益，以引起顾客的注意。

顾客："你们品牌把太多的资金花在做广告上，为什么不把钱省下来，作为进货的折扣，让我们的利润多一些？"

销售员："就是因为我们投下大量的广告费用，顾客才会被我们的品牌所吸引，这样您的总利润不是更大吗？"

顾客："价格又涨了。"

销售员："是的，价格是涨了，而且以后还得涨，现在不进货，好机会就丢掉了。"

顾客："产品卖不出去，不敢进货了。"

销售员："那是因为您没有购买我们所销售的产品，我们的产品是畅销货，还可以帮您带动其他产品的销售。"

销售员巧妙地应用"太极法"的说服方式,将顾客不买的理由转化成应该买的理由,既没有回避顾客的异议,又没有直接正面去反驳,因而更有利于形成良好的洽谈气氛,较容易说服顾客,做成生意。

心理破译

运用"太极法"时,销售员不要给顾客一种开玩笑的不严肃感觉,而且要向顾客提供正确的信息,尤其是有关市场行情方面的信息。

10.8 处理价格异议的技巧

价格有时候只是一个表象问题,只是顾客众多异议中的一种,也可能是其他异议的体现,因此当顾客提出价格异议时,销售员的第一反应应该是还有哪些利益没有让顾客了解?如何才能让顾客感受到更多的利益?怎么才能让顾客体会到物有所值?而不是简单的用"一分钱一分货""实在不贵""用了就知道,保证您下次还来"等这些空洞的说辞去说服顾客,这样是无法化解顾客在价格上的异议的。

处理顾客价格异议的技巧主要有下图所示的几种。

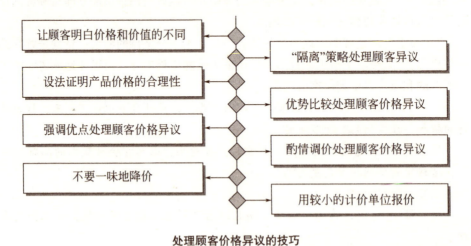

处理顾客价格异议的技巧

(1)让顾客明白价格和价值的不同

当顾客提出不能接受产品价格的时候,销售员要学会用价值比价格,让顾客了解到价格与价值之间的差异。

比如，同样一瓶纯净水，为什么顾客到街边的小商店买是2元，而在五星级酒店买却需要10元？同样道理，为什么住五星级酒店与住一般旅馆价格相差那么悬殊？就是因为所享受到的服务和舒适程度不同，这就是说价格和价值之间必然存在着差异性。

又如，为什么宝马轿车售价那么高，却仍旧有众多顾客愿意购买？因为宝马轿车质量非常好，而且拥有良好的售后服务，更重要的，它是成功和尊贵的象征，所以顾客不在乎价格。顾客关注的是宝马的价值而不是价格。

销售员要设法让顾客明白，对顾客来说，产品价值的重要性远远高于价格。销售员应该牢记，价格并非绝对的，而应把焦点放在价值上，这才是正确的选择。

（2）"隔离"策略处理顾客异议

"隔离"策略就是，当价格成为某顾客的问题时，销售员应该尽快将该顾客带离现场，以避免"感染"其他顾客。也就是说，当某顾客在销售现场提出"太贵了"的异议时，销售员应该引导顾客到另一处慢慢谈价格。

当销售员忽略"隔离"提出价格异议的顾客时，该顾客提出的价格异议就会引起现场其他顾客的认同，而其他顾客就会表达"××才卖××元"。或者，当某顾客提出一句价格异议时，其他顾客就会产生联想，最后他们就会凝聚、团结在一起强行压价。因此，当遇到这种情况时，销售员最好采取"隔离"策略处理顾客异议。

（3）设法证明产品价格的合理性

如果顾客认为竞争对手的产品价格合理，你的价格太高，你应该设法证明价格不同的原因，证明你的产品价格的合理性，如竞争对手比本公司的规模大或小。

如果顾客想购买某种廉价产品来代替销售员推销的产品，销售员应设法将两种产品进行对比，证明自己的产品能为顾客带来的特殊利益。

如果顾客说过去购买同类产品不是这个价格，言外之意是对价格上涨不满，销售员应该态度诚恳、实事求是地告诉顾客并非本公司单独提价，而且调整原因是产品质量提高、功能改进、原料价上涨、购买价格提高等。

（4）优势比较处理顾客价格异议

顾客在购买产品的过程中，常常会将产品的价格与其他厂商同类产品的价格作比较，提出价格异议。

比如"你们的产品价格怎么这么高啊？人家的产品要比你们的便宜得多。"遇到这种情形，销售员可以采取比较优势的方法，突出自家产品所拥有的其他卖家的产品不具备的优势，使顾客不得不放弃价格异议。

一般情况下，以自己产品的长处与同类产品的短处进行比较或采取示范方法，将自己的产品与劣质的竞争产品放在一起做示范表演，借以强调自己产品的优点，从而说服顾客，是优势比较法处理顾客价格异议的最佳应用。

（5）强调优点处理顾客价格异议

当顾客对产品价格提出异议时，销售员应多强调产品的优点，强调"一分钱，一分货"，通过对产品的详细分析，使顾客认识到他花这么多钱是值得的。

比如，一位女士想购买某种牌子的化妆品，但又觉得价格太高，有点舍不得，便提出价格异议。于是，销售员说："女士，您不知道，这种牌子的化妆品含有从灵芝、银耳、鹿茸中提取的特殊生物素，具有调节和改善皮肤组织细胞代谢作用的特殊功效。因此，可消除皱纹，使粗糙的皮肤变得细腻，并能达到美容的目的。况且，它的用量很少，一天只需使用一次，适用于任何类型的皮肤。一套可使用半年。"女顾客听了这番细致的解释，心里的价格异议随之烟消云散。

（6）酌情调价处理顾客价格异议

如果顾客对产品的价格有异议，销售员在权限允许的范围内，可以根据具体情况适当下调价格，促使顾客大量订货，以求薄利多销。如果调价幅度较大，超出了权限范围，则应当向本公司主要领导请示，切不可自作主张，随意调价。

（7）不要一味地降价

当顾客提出价格异议时，降价不是万能的，因为即使将成本价300元的产品以150元的价格卖给顾客，顾客还是会认为你赚了他的钱。

顾客："这双长筒靴就只能打八折了吗？你帮我打六折我就买了！"

销售员："打八折已经是我们最大的让步了，因为这双长筒靴的面料是进口的小羊皮，穿起来非常柔软舒适，而且我们实行'质量三包'。这已经是物超所值了！"

顾客："打六折吧，我现在就买下！"

销售员："看你真心喜欢这双长筒靴，就卖你一双！"

顾客："其实，就这你还是大有赚头的！"

可见，当顾客对价格产生异议时，无论销售员如何强调打折、让利，无论如何降低产品的价格，顾客永远不会相信这是事实，仍认为商家在赚钱，而永远不会赔本。因此，销售员不能把顾客的忠诚度建立在价格上，而应用产品的质量和优质服务去吸引顾客。

（8）用较小的计价单位报价

对于某些可以大量出售的产品，如果以吨为单位计价每吨1000元，但许多顾客只购买少量的，如果50千克或100千克，销售员就应该以每千克的价格向顾客报价，如每千克1元。这样的报价要比每吨1000元的报价更富有吸引力。

如果顾客所提出的预期价格与产品的价格相差无几，销售员可通过强化产品价值的方法来强化顾客购买的欲望，从而达成最终的销售。若顾客所提出的预期价格与产品的价格相差很大，意味着顾客可能没有购买意愿，或者销售员的产品叙述没有切中顾客的需求。这时，销售员应切记，要与顾客做朋友，为下次的生意继续铺路。

10.9 预防异议的产生

在销售过程中，顾客可能会提出各种各样的异议，作为一名金牌销售员，应该提前推理出顾客可能在什么问题上会提出异议，并提前做好处理异议的准备，或是主动地把顾客可能提出的异议讲解给顾客听，从而有效地预防顾客异议的产生。

（1）预防顾客异议产生的好处

提前预测和判断顾客异议，不但可以防止顾客可能公开提出的异议，还可以把隐藏在顾客心里的异议虚拟出来并进行化解，避免暗中的异议阻碍。因此，在销售过程中，预防异议的产生，有其独特的好处，具体如下图所示。

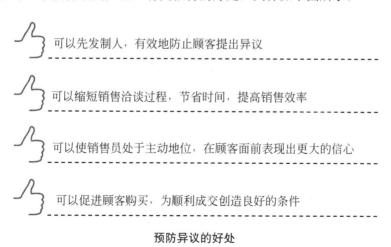

预防异议的好处

（2）预防顾客产生异议的方法

预防顾客异议的方法主要有3种，销售员掌握了这些方法，不但可以预防顾客异议的产生，就算是顾客提出了异议，也能够做到心中有数。具体方法如下图所示。

方法一	在处理顾客异议时涵盖通常会遇到的共同异议
方法二	涵盖所预料的特殊潜在顾客提出的特殊异议
方法三	准备好立即回答实际中可能出现的异议

预防顾客异议的方法

（3）预防顾客产生异议需注意的问题

销售员在预防顾客异议产生时，要注意下图所示的问题。

事项一	预防处理法不适合于自以为是、爱唱对台戏的顾客
事项二	预防处理法不适合于处理无关、无效异议
事项三	预防处理法不适合于处理涉及顾客主要需求与主要购买动机方面的异议

预防顾客异议的注意事项

课外拓展

把顾客的每一次"异议"看成一次"成交"的机会

销售，应该是良好的、愉悦的聊天过程，是相互吸引、心心相印的携手并进，是洞悉顾客心理、匹配顾客决策流程的高效沟通，在整个销售过程中，销售员从接触顾客、商谈、介绍产品到结单，每一个环节都可能会遭遇顾客的异议。对销售员来说，顾客的异议是家常便饭，是一件很常见的事。

1. 正视顾客异议产生的原因

一个异议之所以产生出来，通常是因为顾客对销售员不信任，顾客对自己没有自信，或者顾客的期望未能满足。有时顾客拒绝改变、情绪处于低潮、没有意愿、预算不足等，也会使其产生异议。

另外，销售员无法满足顾客的需求、无法赢得顾客的好感、做了夸大不实的陈述、使用过多的专业术语、事实调查不正确、不当的沟通、展示失败、姿态过高、让顾客理屈词穷等，也会使顾客产生各种异议。

只有了解并正视顾客异议产生的可能原因，你才可能更冷静地判断异议产生的真正原因，并针对原因来"有的放矢"，如此一来，你才能真正有效地化解异议。

2. 以平常心对待顾客异议

销售员在处理顾客异议的时候，首先必须认识到，顾客产生异议是一件很正常的事情，提出问题的顾客才是最有可能购买产品的顾客。因此，销售员要控制好自己的情绪，以平常心对待顾客异议，继续努力，说不定能使销售发生转机。

另外，销售员要明白，顾客有拒绝购买的权利。遭到顾客拒绝的时候，销售员不应该自暴自弃或放弃继续努力。拒绝虽然会给销售员带来一定的负面影响，但真正优秀的销售员总是善于从拒绝中总结经验，为下次的成功做好准备。

3. 秉持正确的态度

销售员应端正态度，因为只有端正态度，销售员才能用正确的方法把事情做好。面对顾客提出的异议，期望你能秉持下面的态度：

（1）异议表示顾客仍有求于你；

（2）将异议视为顾客希望获得更多的信息；

（3）注意聆听顾客的话，分辨真异议、假异议及隐藏的异议；

（4）异议是顾客宣泄内心想法的最好指标；

（5）没有异议的顾客才是最难处理的顾客；

（6）异议经过处理能缩短订货的距离，经由争论会扩大订货的距离；

（7）不可用夸大不实的话来处理异议，当你不知道顾客问题的答案时，坦诚地告诉顾客你不知道。告诉他，你会尽快找出答案，并确实做到；

（8）异议表示你给顾客的利益目前仍不能满足他的需求；

（9）顾客永远是正确的，销售员要诚实恳切，充满自信，灵活机智，避免争论。

4. 放松情绪，不要紧张

既然顾客的异议是必然存在的，那么，在听到顾客异议后，销售员应保持冷静，不可动怒，也不可拿出抗拒的态度，而必须继续以笑脸相迎，并了解反对意见的内容和重点。

当然，要想轻松地应对顾客异议，你首先必须对商品、公司经营政策、市场及竞争者都有深刻的认识,这是控制异议的必备条件。

5.认真倾听,真诚欢迎

当顾客提出异议时,销售员应表示真诚欢迎,并聚精会神地倾听,千万不可强行加以干扰;要带有浓厚的兴趣去听取顾客异议,使顾客感受到自己受到了重视,同时要在语言、行为和表情上给予适时的反应,鼓励顾客把心中的疑问说出来。

认真倾听是对顾客的尊重,这种行为语言有利于化解对抗、寻求共识。只要顾客提出的异议不是无理取闹,你最好先承认顾客的反对意见,以示尊重,并让顾客感觉到他的意见已经得到了你的重视,并获得了认同,那么,当你提出相反意见时,顾客自然而然也容易接纳你的提议。

6.把异议看成成交的机会

嫌货人才是买货人。顾客提出异议时,说明其认真听取了产品介绍,而且他对销售员所介绍的产品有兴趣,所以才会根据自己的要求提出异议。

每个顾客都担心自己买错东西,但又必须购买所需的东西,在下决定购买之前,会存在各种疑虑,这些疑虑就等于要求销售员助他一臂之力,给他更多的认识,使他做出正确的判断,排除任何异议。

因此,销售员要抓住机会,尽量鼓励顾客提出他们的问题,了解他们的想法,帮助对方解决疑虑。这样才能针对每一个顾客的情况寻求解决的方法。

销售心理解析

◎安全心理◎

有这种心理的人对欲购的物品,要求必须能确保安全。尤其像食品、药品、洗涤用品、卫生用品、电器和交通工具等,不能出任何问题。因此,对这类人群,销售员要耐心地解说,并给予相应的保证,才能让他们放心地购买。

第十一课 明察秋毫,识别成交信号

情景导入

王老师:"在所有的销售过程中,促成成交就好像是炒菜要放盐一样,只需要那么一点点,没有它不行,多了也不行。只要你很好地建立起与顾客的信任度,寻找到了顾客的需求点,又有针对性地向顾客做了产品说明,那接下来的成交就成了瓜熟蒂落、水到渠成的事了。"

"而在销售的成交阶段,你若想很快达成交易,就必须看准成交的信号灯,即顾客表现出来的各种成交信号。那么,我想请问一下大家,你们觉得哪些信号可以理解为顾客流露出来的成交信号呢?"王老师问道。

小李举手发言:"我会通过顾客的语言来判断,比如顾客在问其他用户购买这款床垫后的反馈、看中的这套沙发销量如何⋯⋯"

小许随后也发言:"我会观察顾客的表情,然后据此判断,比如看到顾客频频下意识地点头,或是脸部情绪逐渐变得明朗轻松起来⋯⋯"

小张:"我会通过顾客的行为来判断,比如看到顾客试穿衣服后不断照镜子,或是看到顾客仔细地翻看衣服并检查线头⋯⋯"

王老师:"大家说得非常好!成交信号,就是顾客在接受销售员推销的过程中,通过语言、行动、情感等表露出来的各种成交信息。这些信息有的是有意表示的,有的则是无意流露出来的。"

"顾客的购买信号可分为语言信号、行为信号和表情信号,销售员一定要细心观察,及时识别,进而采取恰当的销售策略。"王老师接着说。

11.1 语言信号

所谓语言信号,是指销售员在与顾客的交谈中发现的顾客某些语言所流露出来的成交信号,这种信号可以从顾客的询问及措辞中觉察到。通常情况下,以下几点往往可以表现为顾客的成交信号。

(1)询问价格

当顾客询问价格的时候,其实他已经再次发出了成交信号。如果顾客不想购买,通常情况下,顾客是不会浪费时间询问产品的价格的。

(2)询问售后服务

当顾客询问售后服务细节的时候,其实他已第二次发出购买的信号。顾客只有真心要买产品的时候,才会关心产品的售后服务。

(3)询问产品的细节

顾客询问该产品的细节,事实上他已经发送出购买的信号。假如顾客不想购买,通常是不会浪费时间询问产品相关的细节的。

(4)询问相关的细节

当顾客询问产品相关方面的一些问题并积极地讨论的时候,说明他很可能已经有了购买的意向,这时销售员一定要特别加以注意。

心理破译

顾客提出的问题越多,成交的希望也就越大。销售员在捕捉和识别顾客的购买信号后,接下来就需要及时地把握订单成交的时机。

一般来说,可以把顾客的语言信号总结为以下几类:
① 肯定或赞同产品,对产品表示欣赏;
② 向销售员提出参考意见;
③ 向销售员请教使用产品的方法;
④ 向销售员打听有关产品的详细情况;
⑤ 提出购买细节问题;
⑥ 和身边的人议论产品;
⑦ 重复问已经问过的问题;
⑧ 询问售后服务问题;
⑨ 询问交货时间和限制条件等;
⑩ 询问产品的使用性能及注意事项和零配件的供应问题等;
⑪ 询问价格折扣问题,开始讨价还价;
⑫ 询问产品的运输、储存、保管与拆装等问题;
⑬ 对产品的一些小问题,如包装、颜色、规格等提出修改意见与要求;
⑭ 用假定的口吻与语气谈及购买,例如,问"要是……"的问题。

总之,顾客的语言信号有很多种,有表示欣赏的,有表示询问的,也有表示反对意见的。应当注意的是,反对意见比较复杂,反对意见中,有些是成交的信号,有些则不是,必须具体情况具体分析,既不能都看成是成交信号,也不能无动于衷。只要销售员有意捕捉和诱发这些语言信号,就可以顺利地促成交易。

11.2 行为信号

行为信号是销售员在向顾客推销产品的过程中，从顾客的某些细微行为中发现的成交信号。一旦顾客完成了认识与情感过程，拿定主意要购买产品时，便觉得一个艰苦的心理过程完成了，于是，会做出与听销售员介绍产品时完全不同的动作，销售员可以通过观察顾客的动作识别顾客是否有成交的倾向。

下图是一些常见的顾客发出成交信号的行为。

行为一	手动操作产品，仔细端详或触摸产品，翻动产品
行为二	身体前倾并靠近销售员及产品，或身体后仰，或擦脸挑发，或做其他舒展动作
行为三	由远到近，多角度观察产品，并翻看说明书
行为四	顾客出现找笔、摸口袋、靠近订单、拿订单看等行为
行为五	顾客对产品点头
行为六	顾客摸胡子或捋胡须

发出成交信号的行为

以上行为，或许是顾客想重新考虑推荐新品，或许是购买决心已定，紧张的思想松弛下来。总之，都有可能表示一种"基本接受"的态度。这时，销售员建议顾客进行试用，顾客是绝不会拒绝的，即使顾客的资料中有不利于销售员产品的东西，也没关系，只要充分展示你的产品就行了。

11.3 表情信号

顾客的面部表情同样可以透露其内心的成交欲望,销售员在关注顾客的语言信号和行为信号的同时,也要认真观察顾客的表情以准确辨别购买意向。

比如,当顾客的眼神比较集中于你的说明或产品本身时,当顾客的嘴角微翘、眼睛发亮显出十分兴奋的表情时,或者当顾客渐渐舒展眉头时等。

这些表情上的反映都可能是顾客发出的成交信号,销售员需要随时关注这些信号,一旦顾客通过自己的表情语言透露出成交信号之后,销售员就要及时做出恰当的回应。

人的面部表情不容易琢磨,眼神更难猜测。但经过反复观察与认真思考,销售员仍然可以从顾客的面部表情中读出以下成交信号,具体如下图所示。

- · 频频下意识地点头或眨眼睛
- · 表现出感兴趣的神情,变得神采奕奕
- · 腮部放松,情绪逐渐变得明朗轻松
- · 表情由冷漠、怀疑、深沉变为自然、大方、随和
- · 眉毛开始上扬
- · 眼睛转动加快
- · 嘴唇开始抿紧,好像在品味着什么
- · 神色变得活跃起来
- · 态度更加友好
- · 原先造作的微笑让位于自然的微笑

发出成交信号的表情

以上这些表情信号都表明了顾客已经有了强烈的购买欲望,促成交易的最佳时间已经到来。这时销售员完全可以大胆地提出成交的要求。

11.4 事态信号

事态信号是销售员向顾客推销产品时,随着形势的发展和变化表现出来的成交信号。一般来说,事态信号主要表现在以下几种情况,具体如下图所示。

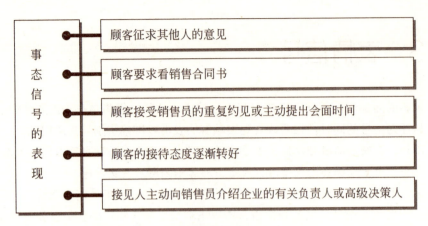

事态信号的表现

以上这些,都已比较明显地表现出顾客的成交意向。

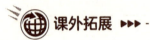

先确认成交信号,再采取措施

销售员要想把握住成交时机,从而及时促成,就必须学会确认顾客的成交信号。在销售活动中,顾客在已决定购买但尚未采取购买行动时,或已有购买意向但不十分确定时,常常会不自觉地通过行动、言语、表情、姿势等外在特征反映出来,给销售员提供"成交的信号"。

作为一名金牌销售员应当具备及时了解并捕捉顾客的购买信号的能力,领会顾客流露出来的各类暗示。通过察言观色,根据顾客的说话方式和面部表情的变化,判断出顾客真正的购买意图。

下面我们就来分析一下顾客的各种外在表现,以便销售员洞察顾客的心理,从而及时并准确地抓住成交的信号,达成交易。

1.顾客动作是否积极是明显的标志

我们将宣传资料交给顾客时,若顾客只是随便地翻看后就把资料搁在一旁,说明他对于我们的产品缺乏认同,或是根本没有兴趣;反之,若见到顾客的动作十分积极,仿佛如获至宝一般地频频发问与探询,那么我们离成交就不远了。

2.眼神泄露了顾客心里的秘密

最能直接透露购买信号的就是顾客的眼神,若是产品非常具有吸引力,顾客的眼中就会显现出美丽而渴望的光彩。例如,当销售员说到使用这一产品可以获得可观的利益,或是节约生产成本时,顾客的眼睛如果随之一亮,就代表顾客对此产生了兴趣，有很大的购买意愿。

3.要留心观察顾客的姿态

当顾客坐得离我们很远，或是跷个二郎腿和我们说话，甚至是双手抱胸时，代表他的抗拒心态仍然十分强烈，要不就是斜靠在沙发上用慵懒的姿态和我们谈话，或是根本不请我们坐下来谈，只愿意站在门边说话，这些都是无效的销售反应；反之，若是见到顾客对我们说的话频频点头应和，表情非常专注而认真，身体越来越向前倾，则表示顾客的认同度高，两人洽谈的距离越来越近，顾客购买的可能性就越大。

4.顾客为了细节而不断询问销售员是成交的前一步

顾客为了细节而不断询问销售员时，也是一种购买信号。如果销售员可以将顾客心中的疑虑解释清楚，令其满意，那么订单就会很快到手。

例如，销售员对产品进行现场示范时，一位顾客发问："这种产品的售价多少？"对于顾客的这个问题，销售员可有3种不同的回答方法。

（1）直接告诉对方具体的价格。

（2）反问顾客："您真的想要买吗？"

（3）不正面回答价格问题，而是向顾客提出："您要多少？"

在所列举的3种答复方式中，哪一种答法最好呢？很明显，第3种答复方法更好一些。顾客主动询问价格是一个非常可喜的购买信号。这种举动至少表明顾客已经对销售产品产生了兴趣，很可能是顾客已打算购买而先权衡自己的支付能力是不是能够承受，如果对方对销售员介绍的某种产品根本不感兴趣，一般人是不会主动前来询问价格的。这时，销售员应该及时把握机会，理解顾客发出的购买信号，马上询问顾客需要多少数量，会使"买与不买"的问题在不知不觉中被一笔带过，直接进入具体的成交磋商阶段。销售员利用这种巧妙的询问方式，使顾客无论怎样回答都表明他已决定购买，接下来的事情就可以根据顾客需要的数量，协商定价，达成交易。

如果销售员以第一种方式回答提问，顾客的反应很可能是："让我再考虑考虑！"如果以第二种方式回答问题，则表明销售员根本没有意识到购买信号的出现，顾客的反应很可能是："不！我随便问问。"由此看来，这两种答复都没有抓住时机，与一笔即将到手的好买卖失之交臂。

总之，在销售中，销售员应当具备敏锐的业务目光，时刻注意观察顾客，学会捕捉顾客发出的各类成交信号，只要信号一出现，就要迅速转入促成的工作。需要注意的是，上面所列举的顾客的种种表现，仅供销售员参考，而不能过于迷信。

在销售成交阶段，应根据不同顾客、不同时间、不同情况、不同环境，采取灵活的督促方式，对不同的购买信号施以相应的引导技巧，从而保证圆满成交。

在谈话过程中一旦发现成交信号,应及时捕捉,并迅速提出成交要求,否则很容易错失成交的机会。捕捉顾客的成交信号,需要靠销售员认真地辨别及经验的积累。

销售心理解析

◎隐秘心理◎

有这种心理的人,购物时不愿为他人所知,常常采取"秘密行动"。他们一旦选中某件商品,而周围无旁人观看时,便迅速成交。一些知名度很高的名人在购买高档商品时,有类似情况。

第十二课 把握时机,快速促成交易

一本书搞懂销售心理学

> **情景导入**
>
> 王老师："促成交易，是整个销售工作的最终目标，其他阶段只是达到销售目标的手段。所有销售员的目的，都是促成交易。因此，销售员要善于察言观色，捕捉顾客心理活动的瞬间，抓住时机，充分利用最后的机会促成双方达成最终的交易。"
>
> "那么，我想问一下，大家都知道有哪些方法可以帮助我们快速促成交易呢？"王老师问道。
>
> 这时，小李举起了手，说道："当我发现顾客已有购买意图，但因某种原因而不便主动开口时，我会用明确的语言向顾客直接提出购买建议，以便达成交易。"
>
> 小杨："面对老顾客，当我觉得这款产品对他有帮助时，我也会主动开口向顾客推荐，以求成交。"
>
> 小许："当我发现顾客看中了一款车，可还是有点犹豫时，我会不失时机地向顾客承诺，购买此款车后能给予顾客什么样的售后服务，比如两年内免费保养、免费道路救援等，解除顾客的顾虑，增强顾客的成交信心，来促成交易。"
>
> ……
>
> 王老师："不错，大家说得非常好，不愧是各行业的销售精英。当我们顺利激发了顾客的购买欲望后，如果顾客发出购买信号，销售员就要抓住这个绝佳时机，针对具体情况，采用适当的方法促成交易，从而顺利完成销售工作。"
>
> "一个不想成交的导购，不是一个好的导购。销售员所做的一切努力都是为了成交，在时机成熟的时候，要捕捉顾客的成交信号，同时也要运用技巧引导顾客成交。那在本次培训的最后这堂课上，我们就来讲讲几种常见的成交方法吧。"王老师接着说。

12.1 请求成交法

请求成交法又称为直接成交法，这是指销售员向顾客主动地提出成交的要求，直接要求顾客购买其所售商品的一种方法。

12.1.1 请求成交法的适用性

请求成交法是一种比较容易掌握的促成交易的方法。

比如，顾客提出："这件产品不知质量如何，价格也有些高！"销售员可以这样提出成交请求："王经理，这种产品既好又不贵，您还是及早买了吧。"可见，销售员成功地处理了王经理所提出的质量异议和价格异议，并抓住了成交的有利时机，及时提出了成交要求。

又如，销售员对他的顾客说："李厂长，您刚才提出的问题都解决了，那么，您打算购买多少？"这位销售员也看准了成交时机，直接向顾客提出了成交要求。

一般来说，请求成交法主要适用于以下几种情况。

（1）人际关系良好的老顾客

通常，销售员都了解老顾客的需求，而老顾客也曾接受过推销的产品。因此，老顾客一般不会反感销售员的直接请求。销售员可以轻松地对老顾客说："您好，近来生意可好？昨天刚有新货运到，您打算要多少？"

（2）已经有购买意向的顾客

如果顾客对销售员推销的产品有兴趣，也流露出了购买意向，可又犹豫不决，或不愿主动提出成交要求，销售员就可以运用请求成交法来促成顾客做出购买决定。

比如，一位中年女士对销售员推荐的家用电磁炉很感兴趣，反复询问它的安全性能和价格，但又迟迟不做购买决定。这时，销售员可以用请求成交法帮助她做出购买决定："这种电磁炉既安全、实用，又美观大方，价格上可以给您九折优惠，买下它吧，您一定会感到非常满意的。"

（3）需要提醒购买的顾客

有时，顾客对销售员所推销的产品很感兴趣，但思想上还没有意识到成交的问题。这时，销售员在回答了顾客的提问，或详细介绍完产品后，可以说："清楚了吗？您看什么时候给您送货？"或者说："产品的质量我们实行'三包'。请您填一下订单。"其实这种请求并非一定要马上成交，而是集中顾客注意力，使其考虑是否购买。

12.1.2 使用请求成交法的优点

使用请求成交法具有下图所示的优点。

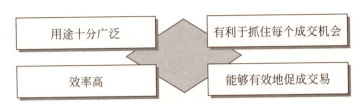

使用请求成交法的优点

图示说明：

（1）请求成交法体现了现代销售精神，灵活机动，主动进取。在实际销售工作中，这种方法用途比较广泛，是一种最常用的成交方法。

（2）请求成交法可以节省很多销售时间，提高工作效率。

（3）在销售中，顾客随时都会表达出自己的成交意向，这是有利的成交机会。一旦发现成交信号，销售员就可以主动提出成交要求，促成交易。

（4）通常，顾客不愿主动成交，销售员若看出成交动机确已成熟，就应向顾客主动提出请求，这可以向顾客施加一定的压力，使其立即做出购买决定。

12.1.3 请求成交法的局限性

当然，请求成交法也有一定的局限性，其缺点主要如下图所示。

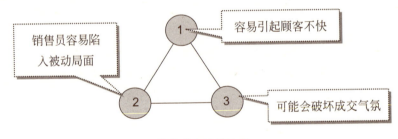

请求成交法的缺点

图示说明：

（1）如果销售员不分情况滥用请求成交法，可能会引起顾客的反感，进而造成销售障碍，不利于成交。

（2）销售员直接向顾客提出成交请求，会使顾客获得心理优势和成交主动权，不利于销售员主动成交。因为销售员主动要求成交，会使顾客自以为是，似乎是销售员有求于顾客，从而使销售员失去成交主动权，转为被动地位。

（3）对有些顾客而言，销售员的成交要求就是一种成交压力，是销售面谈的无形障碍。如果销售员没看准时机，盲目要求成交，就可能使顾客紧张，使顾客产生一种强迫的感受，使顾客有意无意地自动抵制成交。

12.1.4 运用请求成交法应注意的问题

运用请求成交法促成交易时,销售员应注意以下问题。

(1)销售员采用请求成交法时不是乞求成交或央求成交,也不是强求成交,而是适时请求,销售员的态度要坦诚而不失自尊,否则,请求成交法是无法发挥预期效果的。

(2)运用请求成交法,要求销售员能战胜自己,具有高度的自信心,克服成交心理障碍,并善于把握成交时机,主动提出成交请求。

(3)在提出直接请求时,销售员要特别注意自己的言辞和态度,语言恰当,宜于被顾客接受,态度恳切,加深顾客对自己的信任。

12.2 选择成交法

在实际销售的成交阶段,如果销售员能给顾客留有一定的选择余地,成交就显得自由一些。选择成交法是销售员直接为顾客提供一些购买选择方案,并要求顾客立即购买产品的成交方法。此方法是销售员在假定成交的基础上,向顾客提供成交决策比较方案,先假定成交,后选择成交,使顾客无论做出何种选择,所导致的结局都是成交。

12.2.1 选择成交法的使用效果

在实际推销过程中,选择成交法具有明显的成交效果。在顾客尚在犹豫时,销售员向顾客提供两种或多种选择方案,可以促使顾客从众多方案中决定一种。

比如,一位销售员对顾客说:"赵先生,您是要大包装的还是小包装的呢?您看,这些都是样品……"这位销售员先假定成交,然后提供成交方案,把顾客的选择范围限定于成交范围。这样既可以减轻顾客的成交心理压力,又能够有效地促成交易。在这种情况下,销售员假定顾客已经决定购买产品,问题在于选择产品包装的规格。因此,无论这位顾客做出什么样的选择,结果都是成交。

12.2.2 选择成交法的优点

运用选择成交法促成交易具有很多优点,其主要体现在下图所示的几个方面。

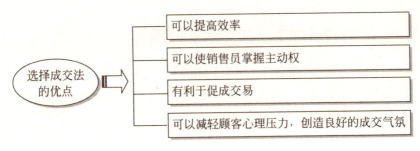

选择成交法的优点

图示说明:

(1) 给顾客选择权只是一种有效的销售手段,销售员可以利用这一手段来达到自己的特定目标,如成交。所以,只要销售员能灵活运用选择成交法,就可以成功达成销售目标,提高销售效率。

(2) 向顾客提供成交选择方案,把选择权给顾客,从而转移顾客的注意力,让顾客自己做出购买决策,使顾客无法全面拒绝成交选择方案。顾客在数量、规格、样式、颜色、送货、日期上选择,结果都是成交。这无疑是把成交主动权留给了自己,而且还留有余地。

(3) 利用选择成交法,销售员并不直接请求顾客购买产品,而是间接提出了成交请求,间接促成交易。销售员避开成交本身的问题,直接提供具体的成交选择方案,这样就使得顾客无法直接拒绝成交。

(4) 运用选择成交法似乎是把成交主动权交给了顾客,而事实上是把成交选择权交给了销售员,让顾客在一定的成交范围内做出选择。这样就可以让顾客参与成交活动。

12.2.3 选择成交法的缺点

选择成交法虽有纵多优点,但也有一定的缺点,其缺点主要体现在下图所示的几个方面。

缺点一	运用选择成交法会分散或转移顾客的注意力
缺点二	运用不当,可能会浪费销售时间
缺点三	滥用选择成交法可能会给顾客造成巨大压力
缺点四	运用不当,会使顾客失去购买信心,产生新的异议

选择成交法的缺点

图示说明：

（1）如果销售员无法正确限定成交选择方案的有效范围，顾客就可能利用成交选择权来转移成交重点，甚至拖延成交，或者干脆间接地拒绝成交，这样将对最后的成交造成非常不利的影响。

（2）选择成交法的基本要求是销售员向顾客提供选择成交方案。如果销售员没有看准时机，没有适当地限定顾客选择成交的范围，就会使顾客滥用成交选择权，使销售员失去成交主动权，浪费销售时间，错过成交。

（3）选择成交法的基础是假定成交，而销售员的成交假定本身就带有一种成交压力。如果销售员看错了成交时机，盲目假定成交，盲目提供成交选择方案，就会使顾客产生过高的成交压力，不利于进一步促成交易，甚至会使销售员失去成交的机会。

（4）顾客的购买信心是成交的基本保证，也是其做出购买决定的心理动力。如果销售员不针对顾客的购买动机，没有限定一个好的成交方案，就会使顾客感到无所适从，从而失去购买信心，阻碍成交。

12.2.4 运用选择成交法应注意的问题

运用选择成交法时，销售员应注意下图所示的几个要点。

要点一	运用选择成交法时，销售员所提供的选择事项应让顾客从中做出一种肯定的回答，而不要给顾客拒绝的机会
要点二	销售员向顾客提出选择时，尽量避免向顾客提出太多的方案，最好就是两项方案，最多不要超过三项，否则不能够达到尽快成交的目的
要点三	在顾客面临选择时，销售员要当好顾客的参谋与顾问，如讲解各种方案的优劣与资金预算，讲解购买数量与运输费用的关系等

运用选择成交法应注意的问题

心理破译

运用选择成交法的关键在于，销售员要能正确分析和确定顾客的真正需要，并提出适当的选择方案。如果顾客拿不定主意，选择成交法促成交易就很容易就失败了。

12.3 从众成交法

从众成交法，是指销售员利用顾客的从众心理，促使顾客立刻购买产品的方法。社会心理学研究表明，从众行为是一种普遍的社会心理现象，顾客之间的相互影响和相互说服力，可能要大于销售员的说服力。利用顾客的从众心理促成交易，是一种最简单的方法。

12.3.1 从众成交法的使用时机

一般而言，顾客在购买产品时，不仅会考虑自身的需要，还会顾及到社会规范，服从社会的某种压力，并以大多数人的行为作为自己行为的参照。从众成交法正是利用了顾客的这种心理，营造一种众人争相购买的气氛，促成顾客迅速做出购买决策。因此，销售员要善于把握时机，促使顾客成交。从众成交法的使用时机如下图所示。

时机一	所售商品是畅销商品，是顾客喜爱的商品，或者是名牌产品
时机二	顾客对商品有需求，但因为种种原因下不了决心
时机三	在劝说顾客成交时，有另一位顾客成交，此时可巧妙利用前位顾客的行为引导此位顾客的购买行为
时机四	当销售员所销售的产品有名人作代言，或是与当前重大事件有关时，也可利用此法促使顾客购买

从众成交法的使用时机

12.3.2 从众成交法的优点

从众成交法具有自己独特的优点，其优点主要表现在下图所示的两个方面。

从众成交法的优点

12.3.3 从众成交法的缺点

当然,从众成交法也有局限,其缺点主要表现在下图所示的两个方面。

从众成交法的缺点

12.3.4 运用从众成交法应注意的问题

运用从众成交法促成交易时,应注意以下几个方面的问题。

(1)用实物证明。销售员在向顾客做介绍时,最好在现场向顾客出示实物证明,如合同文本、用户感谢信等,以提高顾客对产品的信赖和购买兴趣,增强顾客交易信心。

(2)所列举的人物要与产品有关。运用从众成交法促成交易时,销售员所列举的人物、事迹、经验必须与销售的产品有密切的关系。

(3)利用从众成交法时,要找知名人物或权威人士。销售员向顾客列举的人物不能任意虚构,而应为公众所熟悉,最好为顾客所崇拜,倘若推销工作没有通过名人、明星、专家、教授、官员、领袖等人物做说服宣传,那么,顾客的从众心理就会降低。

(4)销售员可以寻找具有影响力的重要顾客,把销售重点放在说服重要顾客上，在取得重要顾客合作的基础上，影响、带动和号召顾客购买。

（5）运用从众成交法时，要讲究职业道德，不要欺骗顾客。

心理破译

从众心理如果运用得好，会协助销售，但前提是不盲目运用，所谓的不盲目指的是让顾客达成交易后不会觉得后悔。如果不能做到这一点，短期的成果可能会坏了长期的口碑。

12.4 机会成交法

机会成交法是指销售员向顾客提示最后成交机会，促使顾客立即购买的一种成交方法。这种方法的实质是销售员通过提示成交机会，限制成交内容和成交条件，利用机会心理效应，增强成交，"这种商品今天是最后一天降价，机不可失，失不再来"。

12.4.1 机会成交法的适用性

在最后的机会面前，顾客往往会由犹豫变得果断，此时，比较适合机会成交法促成交易。机会成交法有下图所示的两种情况。

机会成交法适用的两种情况

比如，"和家人商量当然可以，不过今天已是星期四了，还剩两天，要是您明天来不了，可能就错过机会了。"或者"今天是我们五周年店庆优惠活动的最后一天，同样的产品如果明天购买，您就要多花20%的钱，请不要错过最后的机会啊！"

虽然机会很多，但总的来看只有两种：一是数量机会；二是时间机会。销售员利用机会成交法，就是利用这两种机会，一要提示顾客产品所剩无几，二要提示顾客机会难得，一去不返。这样，必然会引起顾客的注意和浓厚的兴趣，从而产生立刻购买的心理。

12.4.2 机会成交法的优点

运用机会成交法有不少优点，其优点主要体现在下图所示的几个方面。

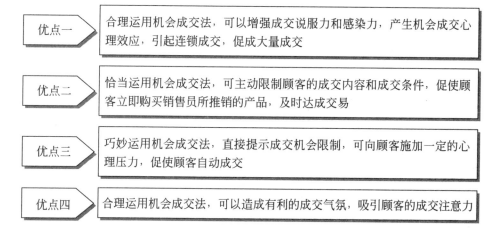

机会成交法的优点

12.4.3 机会成交法的缺点

机会成交法虽然有很多优点，但也有一定的不足，其缺点主要体现在以下几个方面。

（1）机会成交法运用不当，可能使销售员失去成交主动权，降低成交效率。

（2）机会成交法运用不当，可能使销售员丧失销售信誉，增加新的成交困难，不利于成交。

（3）滥用机会成交法，可能使顾客失去信心。销售员若过分地限制顾客的购买方式及其他有关购买资格和购买条件，就会使顾客失去购买信心，只好放弃成交机会。

（4）滥用机会成交法，可能产生成交心理压力，造成不利于成交的气氛。机会成交本是销售员直接限制顾客的购买资格、购买时间、购买数量，施加机会成交心理压力的手段。但若运用不当，施于顾客的心理压力过大，就会过犹不及，造成顾客反感，失去成交机会。

12.4.4 运用机会成交法应注意的问题

运用机会成交法时,销售员应注意以下几个问题。

(1)销售员应把各种可利用的机会牢记在心,不失时机地加以运用。

(2)销售员应讲究职业道德,提高销售信誉。应实事求是,不能欺骗顾客。

(3)销售员不要随意限制顾客的成交选择权,而应让顾客认识到销售员所提示的最后机会是在向他们提供重要的信息,目的是帮助他们做出理智的购买决定。

(4)销售员应该直接向顾客提示成交机会,开展重点推销,激发顾客的购买动机,激起顾客对销售产品的占有欲望,刺激顾客当即购买的决心。

(5)运用机会成交法时,销售员应通过广告宣传攻势造成一定的成交氛围,强调成交机会千载难逢,失去机会就等于损失金钱。

(6)运用机会成交法时,销售员应适当限制顾客的成交内容和成交条件,施加一定的机会成交心理压力,以促使顾客立即购买产品。

心理破译

每一种方法都要找对群体,也会有顾客不以为然。但是大多数情况下,机会成交法所达成的成交率都不低。

12.5 保证成交法

保证成交法是指销售员直接向顾客提出成交保证,使顾客立即产生购买行动的一种方法。成交保证,是指销售员对顾客所允诺担负的交易后的某种行为,如送货日期、维修保证等。

比如:"您放心,这个衣柜我们三天之内给您送到,全程的安装由我亲自来监督。等没有问题以后,我再向总经理报告。"

"您放心,您这个服务完全是由我负责,我在公司已经有5年的时间了。我们有很多顾客,他们都接受我的服务。"让顾客感觉你是直接参与的,这是保证成交法。

12.5.1 保证成交法的使用时机

由于商品的单价过高,缴纳的金额比较高,风险比较大,顾客对此种商品并不是十分了解，对其特性质量也没有把握，产生心理障碍而对成交犹豫不决时，销售员应该向顾客提出保证，以增强信心。

12.5.2 保证成交法的优点

运用保证成交法的优点如下图所示。

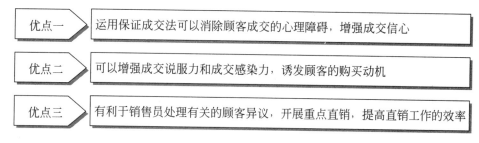

运用保证成交法的优点

12.5.3 保证成交法的缺点

运用保证成交法的缺点如下图所示。

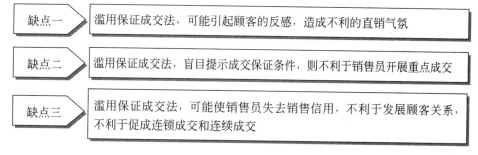

运用保证成交法的缺点

12.5.4 保证成交法的注意事项

由于保证成交法具有上述特点，为了有效地促成交易，在使用保证成交法时，销售员还必须特别注意以下问题。

（1）应该看准顾客的成交心理障碍，针对顾客所担心的几个主要问题，直接提出有效的成交保证条件，以解除顾客的后顾之忧，增强成交的信心，促使进一步成交。

（2）根据事实、需要和可能，向顾客提供可以实现的成交保证，切实地体恤对方，你要维护企业的信誉，同时还要不断地去观察顾客有没有心理障碍。

（3）销售员应具备十足的成交信心，增强保证成交的说服力和感染力，造成良好的成交气氛。

（4）销售员应该根据实际需要与可能，向顾客提供可以实现的成交保证条件，切实取信于顾客。

（5）在成交之后，销售员还必须信守诺言，实现有关成交保证条件，发展顾客关系，进一步促成连锁成交和连续成交，提高成交信誉，实行顾客固定化策略，促成大量成交。

12.6 优惠成交法

优惠成交法是指销售员通过提供某种优惠的交易条件，或在价格、服务等方面做出一定让步来促成交易的方法。它利用了顾客在购买商品时，希望获得更大利益的心理，实行让利销售，促成交易。

比如商业推广中经常使用的"买二送一""买沙发送抱枕"等。

再如："张总，我们这段时间有一个促销活动，如果您现在购买我们的产品，我们可以给您提供三年的免费维修。"

12.6.1 优惠成交法的使用时机

当顾客对商品基本满意，但还是在犹豫不决时，销售员就可在政策允许的情况下采用此法鼓励顾客购买。

12.6.2 优惠成交法的优点

使用优惠成交法具有下图所示的优点。

优点一	利用顾客的求利心理，吸引并招徕顾客，有利于创造良好的成交气氛
优点二	利用批量成交优惠条件，可以促成大批量交易，提高成交的效率
优点三	适用于销售某些滞销品，减轻库存压力，加快存货周转速度

使用优惠成交法的优点

12.6.3　优惠成交法的缺点

采取优惠成交法，通过给顾客让利来促成交易，必将导致销售成本上升。若没有把握好让利的尺度，还会减少销售收益。此外，采用优惠成交法，有时会让顾客误以为优惠产品是次货而不予以信任，从而丧失购买的信心，不利于促成交易。

12.6.4　使用优惠成交法的注意事项

运用优惠成交法时，销售员应注意以下问题。

（1）在使用优惠成交法时，销售员应注意要服从企业的整体营销策略和企业的其他促销活动，不能滥用优惠条件。在推销谈判中，每退一步、每许诺一个优惠条件，都应要求顾客给予相应的回报，如多购买或介绍其他顾客等。

（2）运用优惠成交法时，销售员应明确提示优惠的条件并合理运用优惠条件。

（3）必须遵守有关法律。在销售工作中，销售员应诚实守信，遵守法律，合理使用优惠成交法，并做好产品的宣传解释工作。

（4）要以提供优惠条件作为说服顾客购买的手段，以满足顾客受惠心理为基础。

通常情况下，优惠成交法与机会成交法结合起来运用，更能增强对顾客的刺激程度，诱导性更强烈。优惠的机会"千载难逢"，特别是当未来预期对顾客不利时，顾客会有一种紧迫感，谁都希望搭上最后的"末班车"，这对达成交易将更为有利。

课外拓展 ▶▶▶

销售成交的技巧

1. 步步紧逼成交

很多顾客在购买之前往往会拖延。他们会说："我再考虑考虑""我再想想""我们商量商量""过几天再说吧"。

优秀的销售员遇到顾客推脱时，会先赞同他们："买东西就应该像您这么慎重，要先考虑清楚。您对这个产品还是很有兴趣的吧，不然您不会花时间去考虑，对吗？"他们只好认可你的观点。

此时，你再紧逼一句："我只是出于好奇，想了解一下您要考虑的是什么，是我公司的信誉度吗？"对方会说："哦，你公司不错。"你问他："那是我的人品不行？"他说："哦，不，怎么会呢？"

你用层层逼近的技巧，不断发问，最后让对方说出他所担心的问题。你只要能解决顾客的疑问，成交也就成为很自然的事。

2.协助顾客成交

许多顾客即使有意购买，也不喜欢迅速地签下订单，他总要东挑西选，在产品颜色、尺寸、式样、交货日期上不停地"打转"。此时，销售员就要改变策略，暂时不谈订单的问题，转而热情地帮助顾客挑选，一旦顾客选定了某一产品，你也就获得了订单。

3.对比成交

写出正反两方面的意见。这是利用书面比较利弊，促使顾客下决心购买的方法。销售员准备纸笔，在纸上画出一张"T"字的表格。左面写出正面即该买的理由，右边写出负面即不该买的理由，在销售员的设计下，必定该买的理由多于不该买的理由，这样，就可趁机说服顾客下决心做出购买的决定。

4.小点成交

先买一点试用。顾客想要买你的产品，可是又下不了决心时，可建议顾客少买一点试用。

只要你对产品有信心，虽然刚开始订单数量很少，然而在对方试用满意之后，就可能给你大订单了。

销售心理解析

◎攀比心理◎

攀比心理是指消费者由于对自己所处的阶层、身份以及地位的认同，从而选择所在的阶层人群为参照而表现出来的消费行为。从追求的目的看，有攀比心理的消费者，在消费商品上，大多表现为产品带给消费者的心理成分远远超过实用的成分。

附录 不同类型顾客的心理分析及应对技巧

一、价格至上的顾客

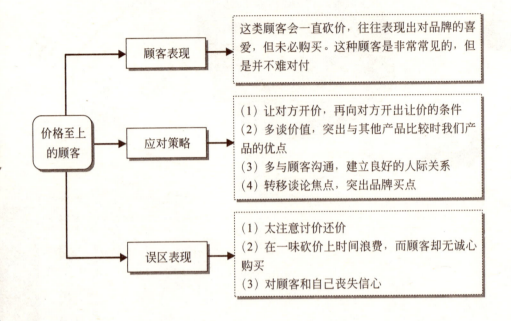

二、避而不见的顾客

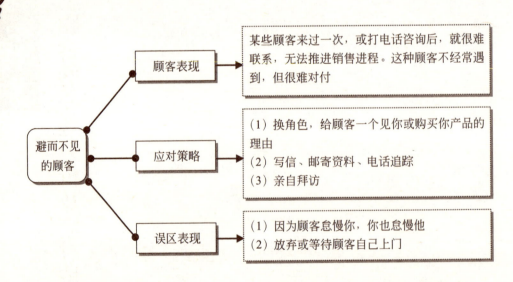

三、不说真话的顾客

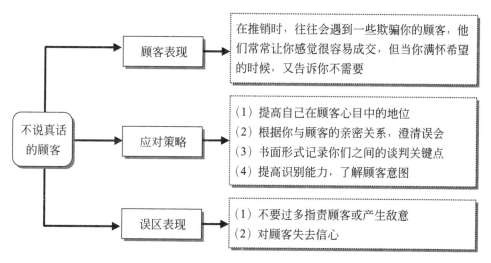

四、无权购买的顾客

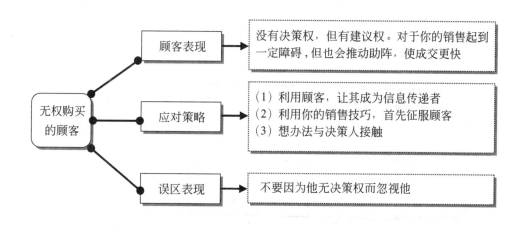

五、言行不一的顾客

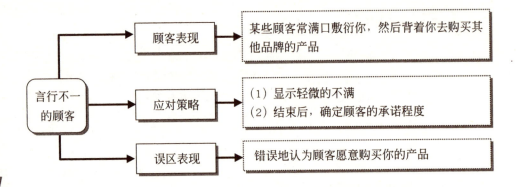

六、抱怨一切的顾客

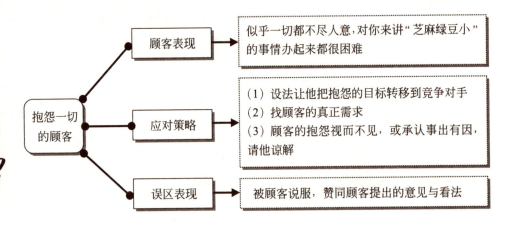

七、口称缺钱的顾客

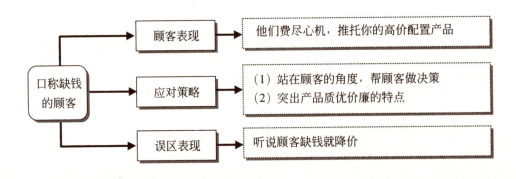

八、优柔寡断的顾客

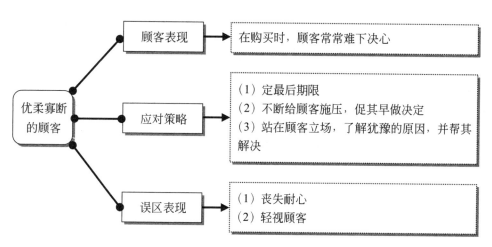

九、说长论短的顾客

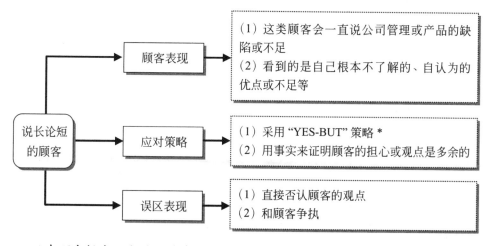

*在顾客提出观点时不要直接说"NO",肯定顾客的观点,给顾客以认同感,再加以说明或补充你的观点,让顾客接受。从而达到销售目的。简而言之,就是避免矛盾,不得罪人。

十、关系至上的顾客

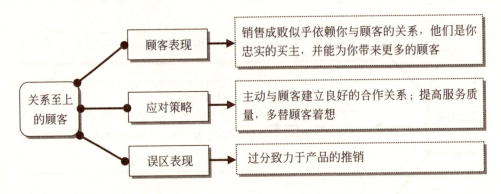

- 关系至上的顾客
  - 顾客表现：销售成败似乎依赖你与顾客的关系，他们是你忠实的买主，并能为你带来更多的顾客
  - 应对策略：主动与顾客建立良好的合作关系；提高服务质量，多替顾客着想
  - 误区表现：过分致力于产品的推销

十一、趾高气扬的顾客

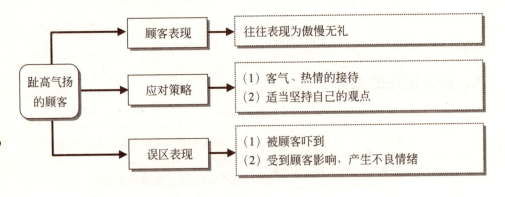

- 趾高气扬的顾客
  - 顾客表现：往往表现为傲慢无礼
  - 应对策略：
    (1) 客气、热情的接待
    (2) 适当坚持自己的观点
  - 误区表现：
    (1) 被顾客吓到
    (2) 受到顾客影响，产生不良情绪

十二、态度冷漠的顾客

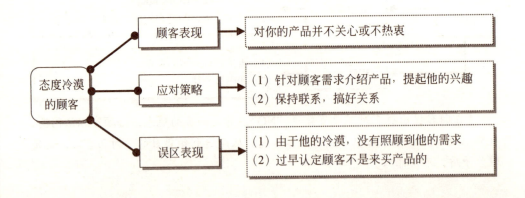

- 态度冷漠的顾客
  - 顾客表现：对你的产品并不关心或不热衷
  - 应对策略：
    (1) 针对顾客需求介绍产品，提起他的兴趣
    (2) 保持联系，搞好关系
  - 误区表现：
    (1) 由于他的冷漠，没有照顾到他的需求
    (2) 过早认定顾客不是来买产品的

十三、捉摸不透的顾客

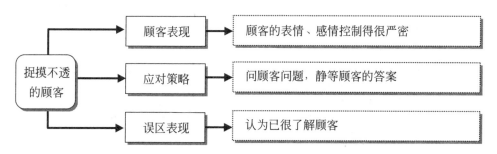

十四、自以为是的顾客

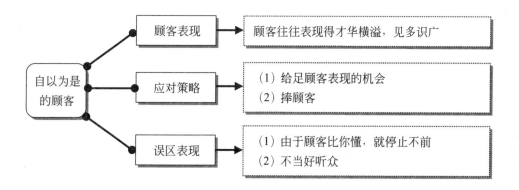

十五、我行我素的顾客

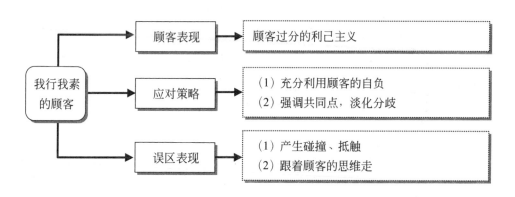

十六、冲动任性的顾客

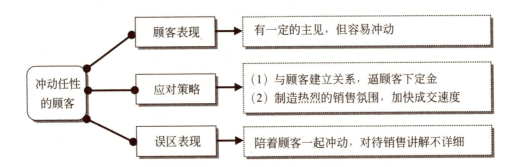

- 冲动任性的顾客
  - 顾客表现 → 有一定的主见，但容易冲动
  - 应对策略 → (1) 与顾客建立关系，逼顾客下定金
             (2) 制造热烈的销售氛围，加快成交速度
  - 误区表现 → 陪着顾客一起冲动，对待销售讲解不详细

十七、极其理智的顾客

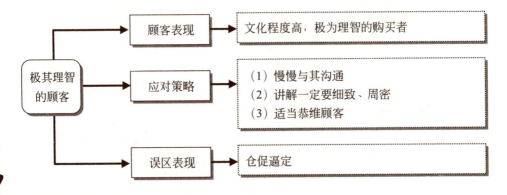

- 极其理智的顾客
  - 顾客表现 → 文化程度高，极为理智的购买者
  - 应对策略 → (1) 慢慢与其沟通
             (2) 讲解一定要细致、周密
             (3) 适当恭维顾客
  - 误区表现 → 仓促逼定

十八、抱有成见的顾客

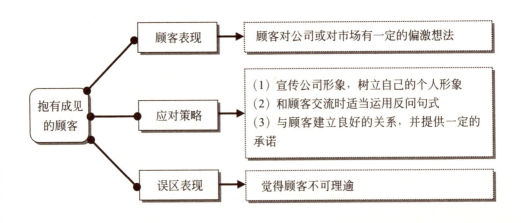

- 抱有成见的顾客
  - 顾客表现 → 顾客对公司或对市场有一定的偏激想法
  - 应对策略 → (1) 宣传公司形象，树立自己的个人形象
             (2) 和顾客交流时适当运用反问句式
             (3) 与顾客建立良好的关系，并提供一定的承诺
  - 误区表现 → 觉得顾客不可理逾

十九、畏首畏尾的顾客

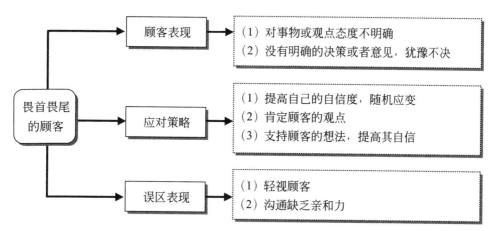

二十、沉默寡言的顾客

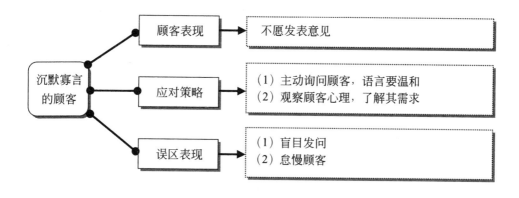